Lebendige Stimme

Anneliese Riesch

Lebendige Stimme

Stimmbildung für Sprache und Gesang

Mainz · London · Berlin · Madrid · New York · Paris · Prague · Tokyo · Toronto

Bibliografische Information der Deutschen Nationalbibliothek
Die Deutsche Nationalbibliothek verzeichnet diese Publikation
in der Deutschen Nationalbibliografie; detaillierte bibliografische Daten
sind im Internet über http://dnb.d-nb.de abrufbar.

Bestellnummer: ED 8740
ISBN 978-3-7957-8740-0

korrigierte und anhand von Notizen
aus dem Nachlass der Autorin überarbeitete Neuauflage
© 1972, 2008 Schott Music GmbH & Co. KG, Mainz

www.schott-music.com
www.schott-buch.de

Coverabbildung: © ullstein bild – Imagebroker.net;
Zeichnung von Anneliese Riesch
Druck und Bindung: Strauss GmbH, Mörlenbach

Printed in Germany · BSS 53050

Inhalt

I. Einführung

Wenn man sich mit der menschlichen Stimme beschäftigt, erkennt man sie als wesentlichsten Teil der leibseelischen Einheit: Mensch. Erst durch seine Stimme wird er zum Menschen. Sprechend bewältigt er seine Umwelt, sagt sich selbst aus, bestätigt sich durch Sprache und Gesang in Freud und Leid. Sprechend baut er seine Kultur. Kultur aber ist sichtbar gewordene Erkenntnis. Somit sind Sprache und Gesang nicht nur ein kostbares Geschenk, sondern auch ein Auftrag an den Menschen. Mit ihrer Hilfe gibt er sein Wissen und sein Wesen weiter. Je kultivierter der Mensch ist, je mehr sollte er bereit sein, diese Kultur nicht nur auf seine Ausdrucksweise in Wort und Ton zu übertragen, sondern auch das dazugehörige Organ, die Stimme, zu pflegen und zu schulen. Dies gilt nicht nur für Sänger, Schauspieler und Redner, die eine intensive Ausbildung brauchen. Stimmbildung sollte ein wesentlicher Bestandteil jeder Erziehung sein.

Die Bedeutung des Sportes ist für die Entwicklung des Menschen längst erkannt und anerkannt. Die Stimme aber, das wichtigste Organ in der Kontaktnahme zum Mitmenschen und im Ausdruck des eigenen Erlebens, wird mit sträflicher Nachlässigkeit behandelt, falsch gebraucht und oft vor der Zeit verdorben. Gerade in unserer Zeit häufen sich in erschreckendem Maße Stimmerkrankungen und Kehlkopfleiden schon bei jungen Menschen. Es muß hier eindringlich vor Verharmlosung gewarnt werden! Wieviele – sogar ausgebildete – Stimmen werden in wenigen Jahren verbraucht! Hoffnungen und berechtigte Berufserwartungen gehen zunichte, und nicht wenige Menschen nehmen dadurch charakterlich und physisch Schaden. Man darf sich nicht vor der Tatsache verschließen, daß eine harte und gequetschte, überlaute oder zu leise Stimme nicht nur für den Betreffenden zur Qual werden kann, sondern auch für den Mitmenschen eine Zumutung ist.

Besonders für Kinder kann das eine Belastung werden, die zu psychischen Hemmungen und Angstzuständen führt. Ganz abgesehen davon, daß eine solche Belastung auf den Sprecher oder Sänger zurückwirken kann und zu Komplexen, Minderwertigkeitsgefühlen und Reizhandlungen führt.

Es muß möglich sein, daß der Mensch von klein auf ein anderes Verhältnis zu seiner Stimme bekommt. Wenn sich auch der Kehlkopf erst nach der Pubertät in seine endgültige Form baut, und man ihm bis dahin allerhand zumuten kann, so kann andererseits durch zu lautes Schreien oder Quetschen schon so vieles in der Jugend falsch gemacht werden, daß mit der Zeit Stimmschäden entstehen. Die größten Gefahren drohen zwischen dem 13. und dem 21. Lebensjahr: Bis in den Anfang der zwanziger Jahre sind alle Wachstumskräfte so auf Überschuß eingestellt, daß es absurd erscheint, sich in dieser Zeitspanne Gedanken über seine Stimme zu machen. Kein junger Mensch glaubt in diesen Jahren, mit ihr schonend umgehen zu müssen. Wenn dann die Stimme später durch den Beruf mehr angefordert werden muß, versagt sie den Dienst: sie wird schnell müde oder heiser. Nun läßt sich einer gesunden Stimme bis zum 30. Lebensjahr mit Gewalt noch allerhand an Klang und Volumen abfordern. Aber dann läßt die Elastizität der Stimmbänder nach, und Stimmschäden werden schon bedenklich und schwer zu reparieren. Von der Mitte der dreißiger Jahre ab geht es ohne bewußte Einstellung zum Stimmgebrauch nicht mehr weiter. Es ist daher schon gut, wenn man Körper und Geist – solange der Körper noch im Aufbau ist – in die richtige Haltung zum Sprechen und Singen eingewöhnt.

Bei falscher Behandlung versagen die Stimmbänder mit der Zeit den Dienst; es wird eine immer größere Anstrengung gefordert, damit überhaupt noch Ton kommt, weil die Stimmbänder übermäßig in nur eine Richtung, d. h. zu sehr nach oben, gedrängt werden. Sie, die von Natur hellfarben sind, röten sich, schmerzen, schmerzen immer mehr, verlieren ihre Elastizität wie ein ausgedehntes Gummiband – der Mensch wird heiser. Oder es entstehen durch den Überdruck Stimmbandknoten. Das heißt, die Randspannung der Stimmbänder verkrampft sich, bildet ein oder mehrere Knötchen, die sich nicht mehr entspannen können und operativ entfernt werden müssen. Sie werden mit einer elektrischen Nadel abgebrannt. Das Stimmband aber büßt dadurch an Elastizität und Präzision ein.

Darum auch die Warnung an starke Raucher: Das „Rauchen auf die Lunge" nimmt winzig kleine Teerteilchen im Atemzug mit. Diese verkleben sich in den Hautfalten der Stimmbänder und werden weder absorbiert noch ausgeschieden. Sie beschweren mit der Zeit das Gewebe so, daß es in seiner Vibration gehemmt wird. Wie durch Überanstrengung klingt bald die Stimme rauh und heiser. So wird der Raucher – wie jeder Heisere – versuchen, durch Kraft mehr Stimme zu geben. Nichts aber ist schädlicher für die Stimmbänder, nichts deprimierender für ihn selbst, da ihm die Stimme statt besser immer weniger gehorcht.

Welche Aufgabe stellt sich in diesem Zusammenhang für die Schule? „Besonders aber der Lehrer, der die erste verantwortungsvolle Bildung der Sprachlaute zu leiten hat, kann sich ohne Nachteil einer technischen Schulung nicht entziehen" (Karl Hermann, Technik des Sprechens, Vorwort zur

2. Auflage S. IX; Mayer, Leipzig 1920). Die Suggestivkraft, die der Lehrer durch die Vermittlung von Wissen ausstrahlt – und die weit größer ist, als er sich eingesteht – wird durch die bewußte Führung seiner Stimme für ihn selbst viel variabler und für seine Schüler viel angenehmer und weniger belastend.

Deshalb wäre es für ihn wichtig, mehr über die Ursachen und Wirkungen beim Vorgang des Sprechens und auch Singens zu wissen, als gemeinhin an den Schulen darüber gelehrt wird. Er muß seinen Kehlkopf täglich für mehrere Stunden – und das über Jahre und Jahre hinaus – in Anspruch nehmen. Solange es eine menschliche Kultur gibt, gibt es auch die Bemühung um die menschliche Stimme, ihre Kultivierung und die Suche nach Wegen zu ihrer Vervollkommnung. Denn je beherrschter und bewußter die Sprache zwischen Menschen strömt, umso größer ist ihr gestaltender Einfluß. Je freier und schöner die Singstimme klingt, umso mehr nimmt sie die Zuhörer ein. Also gilt es, alles zu beseitigen, was diesem Fluß im Wege steht, alles zu fördern, was diesem Strömen dient. Der Weg dazu führt über eine richtige Stimmbildung. In jahrzehntelanger Forschung und Übung ist es Helge Lindberg und Professor Richard Tömlich gelungen, eine Technik zu entwickeln, die für Sprache und Gesang den m. E. besten Weg zeigt. Ausgehend von den Forschungen von H. v. Helmholtz und von der Technik der großen Meister des Belcanto: Lilli Lehmann, Jean de Reszke, Mattia Battistini u. a., fußend auf den Studien von Julius Hey, Julius Stockhausen und Karl Hermann, arbeiteten sie mit Medizinern und im Selbstexperiment weiter.

Der Leser möge mir verzeihen und verstehen, daß ich ihm den Weg so zeige und ihn so führe, wie ich selbst an der Hand meiner Meister geführt wurde, und an dieser Grundtechnik für Sprache und Gesang weitergearbeitet habe. Die Unterweisung ruhte auf den von Generation zu Generation übernommenen mündlichen Überlieferungen und der durch die Übung gewonnenen Erfahrung mit dem daraus resultierenden Erfolg. – Da außer den am Körper zu kontrollierenden Lockerungs- und Atemübungen alle anderen Direktiven an die *Vorstellungskraft* appellierten, setzte die Technik vom Meister ein großes Können und vom Schüler ein großes Einfühlungsvermögen voraus. Nur die große Begabung vermochte die große Kunst zu erlernen. Alle Bemühungen, die Technik auch schriftlich weiterzugeben, scheiterten, denn sie ist auf die persönliche Kontrolle angewiesen. Heute, wo wir immer mehr von autogenem Training und von der Kraft der meditativen Vorstellung wissen, läßt sich diese Art der Unterweisung für die Stimmbildung allgemein verständlicher formulieren. Man muß sich nur bei aller Belehrung immer wieder vor Augen halten, *daß es sich um Bilder, um Analogien handelt und nicht um real erfaßbare anatomische Orte, und nicht um logische Begriffe, die man sich durch Auswendiglernen aneignen kann. Die Logik dieses Weges läßt sich nicht durch Überlegung, sondern nur durch Übung auf Erfahrung hin finden.* Und oft muß man sogar üben trotz der und gegen die bisherige Erfahrung. Man muß wagen, Fehler zu machen, um Bild und Erfahrung korrigieren zu lernen und um dadurch die richtige Haltung und Einstellung zu beiden zu gewinnen. Hat man sie erreicht, merkt man, daß Bild und Übung doch richtig waren und sind.

Zum Vergleich kann die östliche Meditationslehre dienen. Auch in ihr wird dem Schüler eine Direktive, ein Wort, ein Satz, ein Bild, die Beschreibung einer Erfahrung gegeben, über die er dann selbst durch Meditation Gewißheit erlangen kann. Auf diese Weise lernt er z. B. seinen Körper so zu beherrschen, daß er in den verschiedenen schwierigen Stellungen stundenlang ausharren, daß er Atem und Pulsschlag beeinflussen kann, daß er aber vor allem größere Geisteserhellung erlangt. Eine derartige Arbeit mit und an sich selbst wird bei uns seit einiger Zeit auch von Trainern im Sport geübt. Der Erfolg bestätigt die Richtigkeit der Übungen.

Da nun die Sprache ein Vorgang ist, der von dem Zusammenspiel der körperlichen und geistigen Kräfte des Menschen abhängt, können wir aus der östlichen Weisheit nur lernen. Wir müssen aber zu unserer gewohnten kausalen Denkweise, die uns bis jetzt schwer verständliche, weil ungeübte Denkweise in Bildern dazulernen. Es führt das Bild zur Vorstellung, die Vorstellung zur Selbstbeobachtung, die Selbstbeobachtung zur Erfahrung, die Erfahrung zur Übung, die Übung zum Ziel.

Das Ziel, das erreicht werden kann, ist eine Stimme, die mit der geringsten Anstrengung leicht, angenehm tönt, die jeder geforderten Tonhöhe und Tonstärke gewachsen ist, jeder Regung des Gemütes zum Ausdruck verhelfen kann, und das sowohl in der Sprache als auch im Gesang; eine Stimme, die bis ins hohe Alter ausdauernd, ausdrucksvoll und deutlich bleibt.

II. Grundelemente der Stimmgebung

Einwandfreie Sprach- und Stimmbeherrschung ist gewiß ein Ideal, aber ebenso gewiß nicht nur ein Wunschtraum. Es wäre durchaus möglich, daß jeder Mensch im Rahmen seiner Begabung dahin kommt, leicht und frei zu sprechen, wenn er nur ein wenig Mühe darauf verwenden wollte.

Die landläufige Meinung über eine Ausbildung der Stimme besteht darin, daß es sich dabei um ein vom Willen gesteuertes Training der Stimmbänder und Atmungsmuskulatur handelt, verbunden mit fleißigem Üben der notwendigen Melodien und Texte. Wer den geeigneten Kehlkopf dazu habe, könne dann das Bestmögliche erreichen.

Diese Meinung ist falsch. Jeder Mensch kann aus seiner Stimme viel mehr herausholen, als er sich vorzustellen wagt. Allerdings muß er sich dabei über die Stimmgebung orientieren, muß gewissermaßen mit dem Sprechen „von vorne" anfangen und die ursächlichen Zusammenhänge an sich selbst erfahren.

Nun sind Sprechen und Singen so gewohnte Vorgänge, daß man sich lächerlich vorkommt, wenn man das noch einmal von vorne lernen soll. Das wäre so, als wenn man noch einmal Gehen und Stehen lernen müßte. Und genau das muß man! Man muß sich das Ineinandergreifen der mannigfaltigen Bewegungen von den Anfängen her bewußt werden lassen. Das Menschsein besteht ja darin, daß man sich der Dinge und ihrer Zusammenhänge bewußt wird. Besonders gilt das für den Lehrer, der anderen zu dieser Erkenntnis verhelfen soll.

Vielleicht können sich einige Leser an ihre ersten Versuche in der Tanzstunde oder beim Theaterspielen erinnern. Plötzlich fühlt man sich beobachtet, und dann tauchen Schwierigkeiten mit dem eigenen Körper auf. Man weiß nicht mehr, wie man gehen und stehen soll, wohin mit den Händen; man übertreibt oder verhuddelt. Aber das alles ist nicht schwieriger zu überwinden, als wenn man im Unterricht zum erstenmal das Schreiben von Druck- oder Kunstbuchstaben übt. Auch hierbei beginnt man wieder mit den einfachsten Strichen. Es wird nur eine andere Art von Aufmerksamkeit für bislang gewohnte Bewegungen gefordert. Und wie mit der steigenden Beherrschung der übernommenen Aufgabe sich die Freude am Tun einstellte – ich erinnere an die Tanzstunde und das Theaterspielen – so ergeht es auch mit der Arbeit an der Stimme. Die Beherrschung dieses wertvollen Instrumentes wird durch Bewußtwerdung, durch Selbstbeobachtung erlernt. Dieses Tun wirkt auf den ganzen Menschen zurück, macht frei und sicher und vermittelt zusätzliche Bereicherung: es macht ungeahnte Freude, mit seiner Stimme spielen zu können und ihre belebende Wirkung zu erfahren. Man muß sich nur selbst anfordern und sich etwas abfordern. Man muß sich selbst – nicht nur seinen Körper – zum Instrument bilden.

Im Allgemeinen hat man wohl vom Bau des *Kehlkopfes* und seinen Funktionen folgende Vorstellungen: Der Kehlkopf ist ein erweiterter Teil der Luftröhre, in dem die zwei Stimmbänder sich gegenüber liegen. Beim Stimmimpuls schließen sie sich; die ausströmende Luft versetzt sie in Schwingungen, und je nach der Intensität der Atemgebung entsteht ein leiser oder lauter Ton.

Diese Meinung ist längst überholt. Die alten Meister des Belcanto lehrten schon, daß der Gesangston von einem Minimum an Luft, ja sogar auf der „stehenden" Luft getragen wird. Auch der Forteton! Die neuesten Forschungen zeigen uns den ganzen Stimmapparat als ein Wunderwerk organlicher Präzision in sich selbst. In die Luftröhre eingebaut, in einer ungemein sinnvollen Verstrebung der einzelnen Muskeln, hängt unterhalb des Schlundes der Kehlkopf. Ein äußerst zartes und kompliziertes Muskelfasergewebe reagiert in der mannigfaltigsten Weise auf jeden Impuls zur Stimmgebung. Diese Reaktion pflanzt sich bis zu den Rändern des Gewebes fort, das heißt, bis zu den Stimmbändern.

Kehlkopfquerschnitt – Aufsicht

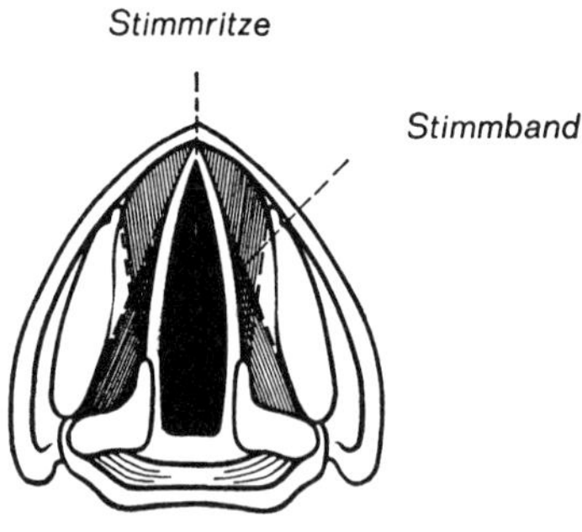

Kehlkopfwandung mit Stimmbändern

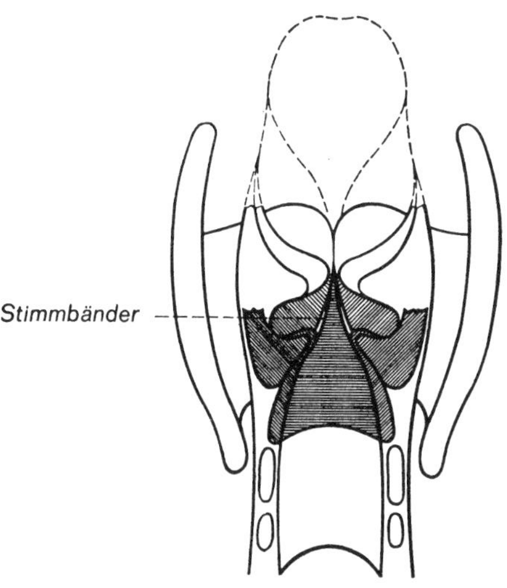

Wichtigste Aufhängemuskulatur des Kehlkopfes

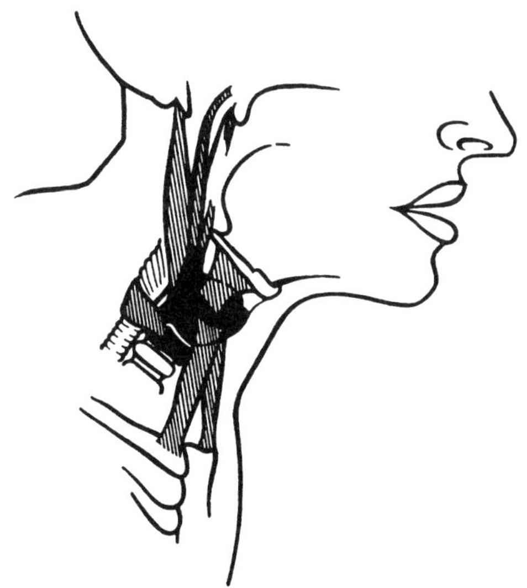

Die *Stimmbänder* sind keine schwingenden Saiten wie bei einem Saiteninstrument. Sie liegen sich gegenüber, sind ca. 1,5 cm lang, vorne im Kehlkopf angewachsen und hinten mit zwei beweglichen Knorpelpyramiden in Dreiecksform, den sogenannten Stellknorpeln, verbunden. Diese ermöglichen durch Spann- und Kippbewegungen die Tonhöhe. Je nach der Art des Stimmimpulses geraten die Stimmbänder in die verschiedensten Vibrationen. Diese werden durch die ausströmende Luft intensiviert und weitergeleitet. (Näheres über diese hochwichtigen Vorgänge im Kehlkopf bei F. Husler, Roddmarling, „Singen", Mainz, 1965). Ob die durch die Stimmbänder erzeugte Vibration schon „Ton" ist, wird in Frage gestellt. Gewiß ist, daß diese Erregungsenergie durch die Luft und durch die Kraft des Gedankens an Widerstände geführt wird, an denen sie sich in den jeweils gewünschten Graden zu verstärken vermag und als Klang weiterströmt. Wir erklärten es so: Wie die Sonnenenergie erst zu Licht wird, wenn sie von einem Körper reflektiert wird, so wird die Energie, welche die Stimmbänder erzeugen, erst zu Ton am Widerstand der Knochen, um dann in den Resonanzräumen verstärkt zu werden!

Die *Resonanzräume* liegen nicht nur oberhalb des Kehlkopfes. Sie liegen auch seitlich (Schulterpartie) und darunter (Brustresonanz). Die Vibration muß sich also frei und ungehindert mit Hilfe der Luft konzentrisch in diese Resonanzräume des Körpers fortpflanzen können. Wie kann sie das, wenn die Atemluft sie nur zum Mund hinausjagt, wie man das zu tun gewohnt ist? – Und noch etwas kommt dazu: Die Resonanzräume unseres Körpers sind seine luftgefüllten Hohlräume und deren Wandungen. Die Hohlräume unseres Körpers: Brust-, Mund-, Rachen- und Nasenraum, Stirnhöhle, Kiefernhöhlen und Schädelraum sind mit wellenabsorbierendem Gewebe teils gefüllt, teils umgeben. Der Stimmentfaltung sind dadurch erhebliche Hemmungen entgegengesetzt.

Alle Sprech- und Gesangstechniken bemühen sich, die Stimme an den Mundrand, in die „vorderste Resonanz" zu bringen. Gemeint ist damit der Raum zwischen Mund und Stirn, den man umgreift, wenn man die Handwurzel auf das Kinn legt und mit gespreizten Fingern zur Stirn greift. Dieser Raum heißt in der Sprache der Gesangsschulen *die Maske*. Sie umschließt Lippen, Zähne, oberen harten Gaumen, Nase, Augenpartie und auch den Raum vor dem Gesicht, wie ihn die Hand greift. Daher der Name „Maske", der von der griechischen Schauspielermaske übernommen wurde. Die Maske vermittelt dem Sprecher den Eindruck der „erweiterten Person". Diese Vorstellung vermag auch uns das Gefühl für einen größeren Resonanzraum zu geben.

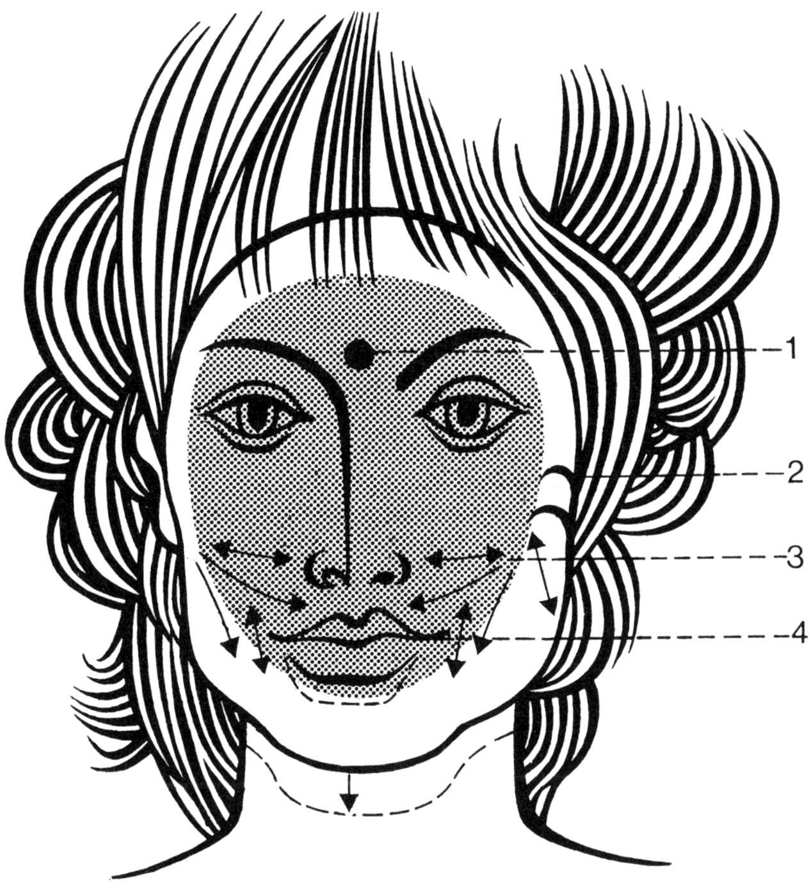

1 = Stirnpunkt

2 = Öffnen des Mundes vom Scharnier aus

3 = Zug der Backenmuskulatur und Oberlippe

4 = Zug der Mundwinkel

In diesem Raum läßt sich tatsächlich die Stimme am leichtesten entfalten und unbeschwert führen. Rein organlich und von der muskularen Beherrschung her läßt sich das nicht erklären. Selbst bei exaktestem Atemtraining, bei intensivster Willensanspannung läßt sich auf dem direkten Weg: Lunge-Kehlkopf-Gaumen-Mundrand-Maske keine wohllautende, klangvolle Stimme erzielen. So erreicht man eine wohl ausdauernde, jedoch harte Tongebung. Vor allem läßt sich daraus kein schöner Gesangston entwickeln, ganz abgesehen davon, daß eine solche Stimmführung auf die Dauer doch anstrengend ist. Wir müssen das Problem von einer anderen Seite her angehen: Denken Sie einmal an die Sprecher im Funk und Fernsehen; an die Schauspieler, Ansager, Reporter, Politiker. Sie alle haben intensivste, wenn auch unterschiedliche Stimmbildung gehabt. Und nun erinnern Sie sich, wie sie durch ihre Sprechweise auf die Zuhörer wirken. Erinnern Sie sich dazu noch an Ihre eigenen Lehrer, an die sympathischen und an die unsympathischen. Vielleicht waren darunter einige, deren Sprache Sie einnahm und anspornte; einige, deren Stimme Ihnen auf die Nerven ging, Sie zur Opposition oder zum Lachen reizte. Überlegen Sie, ob eine Stimme dabei war, die sich im Eifer überschlug, blechern oder gepreßt, zu laut, zu leise klang, und erinnern Sie sich an Ihre Reaktion darauf. Und nun stellen Sie sich einen der Ihnen sympathischen Interpreten von Bühne oder Fernsehen vor, der gelöst und sicher auf Sie wirkt, dem zuzuhören Freude macht. Sicher ist es jemand, dem die Sprache mit Leichtigkeit und Selbstverständlichkeit und ohne zu ermüden vom Munde geht. Wer so die Stimme beherrscht, hat auch einen ruhigen, ja unmerklichen Atem und einen lebendigen und doch konzentrierten Blick. Sodann fesselt er durch sein sehr lebendiges Mienenspiel, wobei die Partie um Mund und Augen besonders beweglich ist. Die Sprechwerkzeuge tanzen gewissermaßen unter seinem Blick. Hals- und Schulterpartien wirken entsprechend entspannt und frei. Der Brustraum ist weit und greift in dieser Weite auch noch auf den Unterleib über. Der Stand ist federnd und sicher, die Bewegungen der Gliedmaßen fließend, harmonisch und bewußt gestaltend. Der ganze Mensch strahlt eine bestimmte Geschlossenheit aus, die einnimmt, fasziniert. Auf einen kurzen Nenner gebracht, es ist die Harmonie zwischen Spannung und Gelöstheit, Festigkeit und Leichtigkeit, Ruhe und Beweglichkeit.

Diese Harmonie entsteht durch das Zusammenwirken der Kräfte von Geist und Körper, wobei vom Geistigen her die notwendigen Ausführungen vom Körper angefordert und gesteuert werden, der Körper aber dem Geist die nötigen Grenzen des Spielraumes setzt, innerhalb dessen die Kräfte wirken können. Im Zusammenspiel beider vollziehen sich Sprache und Gesang.

So gilt es, sich darüber klar zu werden von wo aus man erkennen und steuern kann, was man will und von wo aus man bewußt auszuführen vermag, was getan sein soll.

Ich verweise wieder auf die Notwendigkeit der Selbstbeobachtung. Versuchen wir uns vorzustellen: Da ist auf der einen Seite unser Körper aus Fleisch und Blut, unser „sichtbares Ich", und auf der anderen Seite unser „unsichtbares Ich", das diesen Körper nun betrachtet, ihn im Raume sieht, ihm diktiert: Strecke die Hand aus! Bewege den Fuß! Sprich! – Und der Körper vollzieht es – oder auch nicht. Denn: Versucht man sich zum erstenmal in dieser Haltung, kann es geschehen (und es geschieht öfter als man denkt), daß man unfähig ist, der eigenen Direktion Folge zu leisten. Ich erinnere an Tanzstunde, Theaterspielen und Schreibübungen. Solche Hemmungen und Verkrampfungen entstehen dadurch, daß man eben mit allen seinen Kräften entweder in das Betrachten gegangen ist und momentan keinen oder zu geringen Kontakt mit dem Körper hat, aus dem die Kraft zur Ausführung kommt, oder aber, daß man sich zu sehr in die Gliedmaßen konzentrierte und dadurch ihre Beweglichkeit blockierte.

Es müssen also die gestaltdirigierenden und die gestaltgebenden Kräfte in ein ausgewogenes Verhältnis zueinander kommen. Das erreicht man durch richtiges und bewußtes Atmen.

III. Der Atem

Vor allem und über allem regiert als Antriebs- und Betriebskraft der Atem. Ohne Atem sind wir tot. Durch den Atem kommt die Zirkulation des Stoffwechsels und des Blut- und Lymphkreislaufes zustande. Erst durch diesen Kreislauf vermögen wir uns zu bewegen, zu reagieren und zu denken. Der Atem bewirkt unser Lebendigsein und trägt unser Tun. Der Atem auch ist der Zugang zu den Lebenspolen von Stoff und Geist.

In der Stimmbildung muß zuerst das *Ausatmen* bewußt gemacht werden. Dadurch werden auch für das *Einatmen* die Bahnen frei. Gewöhnlich atmen wir nur jenen Teil der Luft, die in unseren Lungen ist, aus, der für den Kohlendioxyd-Sauerstoff-Austausch notwendig ist. Dieses „leichte" Atmen genügt aber nicht für die bewußte Arbeit mit der Luft, wie wir sie für die Tongebung brauchen. Vergegenwärtigen wir uns den Vorgang: Beim Einatmen füllen sich die Lungen mit Luft, das Zwerchfell wird nach unten gedrängt; beim Ausatmen hebt es sich wieder in seine natürliche Lage. Atmen wir weitere Luft aus, hebt es sich höher. Durch den nun nachfolgenden größeren Atemzug beim Einatmen (denn es entstand „Lufthunger" im Körper) senkt es sich noch tiefer als vorher. Diese Elastizität des Zwerchfells muß für die bewußte Atmung ausgenützt und gestärkt werden. Versucht man am Anfang, den Luftstrom beim Einatmen in gedankliche Führung zu bekommen, gehen die Gedanken mit dem Luftstrom, und man fühlt sich leicht beklemmt; man verkrampft sich und atmet schwer. Darum heißt es, zuerst mit dem Ausatmen den Körper frei und locker fallen lassen zu lernen. Das erreichen folgende Übungen:

1. Übung

Wir sammeln unsere Beobachtungskräfte in die Höhe unserer Augenpartie und halten sie da in der Vorstellung fest! Bei diesem Bemühen beobachten wir unseren Körper von einem *Konzentrationspunkt* aus, der etwas vor und über der Augenhöhe zu denken ist. Nun blasen wir die Luft mit einem Ruck aus und lassen dabei den Kopf etwas nach vorne fallen. Versuchen wir es noch einmal und machen wir eine leichte Rumpfbeuge dazu. Beim Aufrichten atmen wir automatisch *durch Mund und Nase* leicht ein. Wollten wir nur durch die Nase Luft holen, würde der Atemzug zu lange dauern und uns dadurch beschweren. Wir machen *die Nase weit, den Mund ein wenig auf, die Zunge* soll dabei *leicht nach oben gewölbt* im Munde liegen, damit sich die Luft genügend erwärmt. Wir achten darauf, daß die *Schultern* ganz gelöst *nach abwärts* hängen und blasen erneut die Luft mit Kopf- und Rumpfbewegung aus. Dabei versuchen wir den Vorgang „von oben her" zu betrachten. Das wird eine Zeit dauern, bis es gelingt. Aber diese Beobachtung von außerhalb unserer selbst ist entscheidend für die Entkrampfung bei einem bewußten Atmen. Halten wir uns in dieser Vorstellung und lassen jetzt – unterhalb dieses Konzentrationspunktes – den Atem ein- und auspassieren. Mund und Nase immer leicht geöffnet! Die Brust weitet sich bei den freistehenden Rippen; die Schultern müssen locker bleiben. Dies muß solange geübt werden, bis sich eine fröhliche Leichtigkeit in Geist und Körper einstellt, der Atem gleichmäßig ein- und ausströmen kann, ohne zu belasten. Die Kopf- und Rumpfbewegung reduziert sich bald auf ein Minimum, bis sie ganz weggelassen werden kann. Es ist darauf zu achten, daß sich die freistehenden Rippen im Atemrhythmus weiten und sich wieder nähern. Man kontrolliere das mit den Händen. Am besten zählt man dabei in Gedanken auf 5 und schaltet jeweils eine kleine Pause dazwischen ein:

Einatmen	Pause	Ausatmen	Pause
5	1	5	1

Langsam steigere man die Zwischenzeit bis alle Zeiten gleich sind:

Einatmen	Pause	Ausatmen	Pause
5	5	5	5

Die Pause nach dem Einatmen benutzt man, um den Teil der Luft, der sich unterhalb des Kehlkopfes befindet, wieder wegzublasen. *Von der Verzweigung der Luftröhre in die Bronchien bis zum Mundrand soll keine Luft sein.*
Auch sollen die *Schultergelenke frei beweglich* bleiben. Vor allem aber darf die eingeatmete Luft nicht beklemmen. Es muß sich ein Gefühl von Ruhe und Wohlbehagen im Körper einstellen, das sich auf den Atmungsablauf überträgt. (Es wird natürlich eine Zeit dauern, bis man das spürt.)
In der Pause nach dem Ausatmen dürfen wir uns nicht zusammensacken lassen. Die Pause dient dazu, daß wir in aller Ruhe wieder in Bereitschaft für den nächsten Atemzug gehen können. Wie der Wechsel zwischen Flut – Ebbe – Flut, so hat auch der Atemwechsel im menschlichen Organismus eine durchgehende und gleichbleibende Spannung (Tonus). In dieser Spannung müssen wir uns bewußt halten lernen, um dem Zwerchfell, das ja bei der größeren Beanspruchung durch den kontrollierten Atem eine größere Muskelleistung zu vollbringen hat, diese Arbeit zu erleichtern.

2. Übung

Um das Ausatmen zu verlängern – was ja zur Stimmgebung notwendig ist –
machen wir eine Lockerungsübung:
Wir stehen bequem, die Füße etwas auseinander, parallel, das Körpergewicht ruht auf den Fersen und äußeren Fußkanten, schütteln die Arme vom
Schultergelenk aus, dann die Beine aus dem Hüftgelenk, damit die Gliedmaßen frei werden. Dann blasen wir die Luft weg, gehen beim Einatmen
leicht in die Wippe, werfen gleichzeitig die Arme seitlich nach oben über
Kopfhöhe – dadurch weitet und hebt sich die Brust – schließen dann die
Hände in Schulterhöhe, halten eine kurze Pause und zählen dann laut, soweit
wir kommen, beim Ausatmen.
Ist die Luft zu Ende, senken wir die Arme, um sie beim Einatmen wieder in
Verbindung mit der Wippe aufs neue zu heben. Sehr schnell kommen wir
dabei beim Zählen auf 30 und darüber. Je mehr wir beim Einatmen den
Rücken weiten können, umso leichter und schneller fällt der Atem ein, umso
besser können wir die Luft halten. Die Pause nach dem Einatmen verhilft uns
zu einem Gefühl der Ruhe und Festigkeit. Wir lernen, die freistehenden
Rippen sicherer zu fassen. Denken wir uns nun *den Atem wie einen dünnen
Faden am oberen Gaumen entlang,* so reicht er immer weiter.
Interessant ist hier eine *Zwischenübung:* Nach dem Einatmen schließen wir
die Hände vor der Brust und atmen mit einem Ruck aus. Wenn wir dann
sofort zu zählen beginnen, werden wir überrascht sein, wie weit wir mit der
restlichen Luft noch zählen können!

3. Übung

Wir stehen ruhig (immer etwas breitbeinig) mit lockerer Schulter, die Hände
leicht ineinander gelegt (in Taillenhöhe), die Ellbogen etwas vom Körper
abgehoben. Nun lassen wir den Atem einfallen; die Oberarme gehen dabei
noch etwas mehr vom Körper weg, der Rücken weitet sich unter dem Atemzug. Ist der Atem zur Ruhe gekommen, atmen wir auf den Buchstaben –f–
oder –s– aus und zählen dabei in Gedanken so weit wir kommen. Wir müssen
das Ausatmen so dosieren, daß bei einer Probe mit dem angefeuchteten
Finger der Atemzug als kalte Strömung gespürt werden kann. Als Variante
zählen wir laut und steigern die Zeit des Ausatmens immer mehr.

Einatmen	Pause	Ausatmen	Pause
1	2	15	1
1	2	20	1

Einatmen	Pause	Ausatmen	Pause	
1	2	25	1	
1	2	30	1	
1	2	35	1	usw.

Bei diesem Training des langsamen Ausatmens merken wir sehr schnell, daß man der Luftdosierung durch unterstützende Muskelpartien zu Hilfe kommen muß. Wir erreichen es einmal dadurch, daß wir die Luft sehr tief in den Rücken nehmen, d. h. die Lungenspitzen füllen, wobei die Rückenmuskulatur eingreift. Zum anderen können wir die Quer- und Längsmuskeln der Bauchdecke als Träger und Führer einschalten. Halten wir die freistehenden Rippen weit, dann schaltet sich die Bauchdecke sowieso etwas stützend ein, ebenso der Beckenbodenmuskel. Auch Gesäß- und Oberschenkelmuskulatur helfen das Körpergewicht tragen. Legen wir nun die Dosierung der Luftabgabe auf diese Muskeln, können wir die Schulterpartie umso lockerer halten und den Atemfluß unter den beobachtenden Blick bekommen. Wir gelangen auf diese Weise in eine gewisse Distanz zu uns selbst: Wir sehen das Muskelspiel bei der Atembewegung, hören das Zählen, lernen, den Atem zu regulieren, die Luftabgabe ein- und abzuschalten. Wir bekommen den Atem „in den Blick" und „in den Griff" und kommen zu ihm in jene notwendige Distanz von bewußtem Denken zu bewußtem Tun. Unsere Aufmerksamkeit bleibt „darüber".

Stellt sich diese Reaktion nicht gleich ein, darf man sich nicht entmutigen lassen. Es kann Monate dauern, bis man die einzelnen Muskelpartien spürt und sie willkürlich einspannen kann. Mit der Zeit aber spannen sie sich dann bei Stimmimpuls automatisch ein.

So vorbereitet, beschäftigen wir uns näher mit dem Zusammenspiel von Beobachtungskraft und Körperfunktion.

IV. Polarität

Tonsitz und Stimmführung sind in der Maske zu denken, wie es schon die alten, großen Meister lehrten. Atem, Atemregulierung, Stütze, die Einstellung des Kehlkopfes, Tonansatz, Tonstärke, Phrasierung, Aufbau und Ablauf der Phrase werden von hier aus dirigiert, während das Spiel der dabei angeforderten Muskeln durch die Abstützung auf die Bauchdecke und die Weithaltung im Rücken ermöglicht und getragen wird. Aber vielleicht können wir mit einer anderen Vorstellung besser arbeiten: Mit der oben beschriebenen Distanzhaltung in und zu uns selbst ist nämlich der *Vorstellungskraft* der erste Schritt zu unserer eigenen *Polarität* geglückt. Im Raum der Maske haben unsere Beobachtungsgabe und die Konzentration ihren Zentralpunkt. Wir können diesen Raum mit drei Fingern umspannen, wenn wir den Zeigefinger in die Mitte der Stirn, Daumen und Mittelfinger je auf die Backenknochen legen. In dieser Kugel liegt der *Konzentrations-* oder auch *Stirnpunkt,* von dem aus wir unseren Körper betrachten und ihm die verschiedenen Direktiven geben können. Nennen wir diesen Punkt den geistigen Pol, so muß er im Körper den ihm adäquaten stofflichen Pol haben. Wo ist dieser Zentralpunkt unseres Körpers, von dem aus das vom Geist her angeforderte Muskelspiel des Körpers gespeist und getragen wird? Begeben wir uns auf die Suche danach, indem wir uns einmal völlig frei und gelöst aus aller Verspannung fallen lassen. Irgendwo muß der Punkt sein, wo wir uns auffangen und halten können.

Sich-fallen-lassen heißt, sich aus der angespannten Haltung seiner Muskeln und Gelenke befreien. Der westliche Mensch lebt sehr nach außen, zielstrebig auf etwas hin gespannt, das er erreichen, gewinnen oder beherrschen möchte, worauf er alle seine Kräfte richtet. Daraus resultiert eine Überdehnung nach oben und nach vorwärts, was durch eine intellektuell überspitzte Denkweise begünstigt wird. Im Gegensatz dazu steht seine Neigung, sich in den Bereichen „gehen zu lassen", die das Triebmäßige mehr ansprechen, und sich im Unkontrollierbaren zu vergessen oder sich darin zu verlieren. Er ist sehr überrascht, wenn man ihm zumutet, sich in beiden Haltungen zu einem ausgewogenen Sein zu erziehen. Denn er bedenkt nicht, daß damit ja erst eine volle Entfaltung seiner Person möglich wird.

Wir müssen unseren Körper leicht und locker halten, wenn er seine Funktionen leicht, sicher und ungehemmt ausüben soll. Die meisten Krankheiten resultieren aus gestörtem Kreislauf oder mangelhaftem Stoffwechsel. Verkehrte Muskelanspannungen und verkrampfte Gelenke sind jeder Körperleistung hinderlich, auch dem Atem und damit der Stimme. Also müssen wir uns aus aller Muskel- und Gelenkverspannung befreien und lösen.

Wie man sich löst und lockert, wissen Sie sicher aus dem Turnunterricht: Durch leichtes Schütteln der Hals-, Arm- und Beingelenke. Zur Stimmbildung brauchen wir dazu auch noch das Lockern des Unterkiefers im sogenannten „Scharnier" vor den Ohren, sowie das Lockern des Zungenmuskels in seiner Wurzel und Spitze. Alle diese Lockerungen haben das Ziel, sich in eine Gelassenheit fallen zu lassen und alle damit frei werdenden Kräfte zu sammeln und auszubalancieren.

Wohin muß man sich fallen lassen, um diese Gelöstheit aufzufangen und sie zu behalten? Wie bekommt man die Leichtigkeit und Freiheit, die man auf solche Weise gewinnt, so in den Griff, daß sie von Beginn bis Ende der folgenden Muskelanforderung und darüber hinaus durchgehalten werden kann? Liegt der Zentralpunkt für diese Tätigkeit ebenfalls im Stirnpunkt, von dem aus die Abfolge unserer Vorstellung gesammelt, genährt und unterhalten wird, oder gibt es für sie noch eine andere Zentrale? Hat der Stirnpunkt mit seinem kleinen, ihn umgebenden Raum einen adäquaten Gegenpol, einen ihm entsprechenden Raum- und Zentralpunkt, der zu fassen ist? Einen, von dem aus die Kräfte gegeben werden, in dem sie wieder zur Ruhe kommen? Wo – an welcher Stelle des Leibes ist er zu suchen?

Die großen Meister der Stimmbildung fanden diesen Punkt, diesen Halt, diese Stütze im sogenannten *Kreuzpunkt*. Auf diesen lassen sie den Atem sich abstützen und die Phrase in ihrem Spannunsgbezug sich aufbauen. Alle unsere großen Künstler stützen sich darauf.

Was ist damit gemeint? Es ist der *physikalische Schwerpunkt des Körpers*, und dieser ist zugleich als der Pol des Stoffes, des Körpers, sich vorzustellen.

Die Weisheit des Ostens hat diesen Zentralpunkt des Leibes als „Erd-Mitte" des Menschen erkannt und richtet alle ihre Konzentrationsübungen auf diesen „Tanden" im „Hara", d. i. der Bauch. Es ist ein „Haltepunkt" im Unterleib, ein paar Zentimeter unterhalb des Nabels, mehr gegen die Lendenwirbel hin an der Basis des Rückgrates, wo die Lebenskraft liegt. Aus dieser „Mitte", diesem Kreuzpunkt, dem Schwerpunkt des Körpers, holen unsere großen Meister ihre Festigkeit und Beherrschung. Hier haben sie ihren „Standpunkt" (vgl. „Hara", Karl Gottfr. Graf v. Dürckheim, München-Planegg, 1956).

Für den westlichen Menschen wird dieses Zentrum in etwa klar, wenn wir uns an große Tänzer erinnern, oder auch an unsere guten Jazzmusiker oder

Eiskunstläufer. Sie alle haben für die überraschende Leichtigkeit ihrer Gliedmaßen und ihres freischwingenden Körperrhythmusses den Ruhe- und Ausgangspunkt aller Bewegungen im Kreuz. Beim Jazz ist es am augenfälligsten: wie präzise werfen Kapellmeister und Musiker den Rhythmus aus der Bewegung vom Kreuz! Und nur wer als Hörer vom Kreuzpunkt her zu schwingen und sich zu aktivieren vermag, kommt in das nötige Mittun, um an dem Dargebotenen Anteil zu nehmen.

Die Lust zum Teilnehmen trifft auf diese Gegend im Hörer völlig unbewußt, und er übernimmt im Kreuzpunkt schon den Rhythmus, schwingt bereits mit, ehe es sein Bewußtsein zur Kenntnis nimmt. Dann erst teilt sich der Rhythmus als Impuls seinem Denken mit, und von dort aus schaltet er sich bewußt weiterhin ein oder ab. So liegen im Kreuzpunkt Energie und Antriebskraft, die vom Denken, vom Stirnpunkt aus bestätigt, erhalten, gesteuert oder abgelehnt werden können. Und umgekehrt: Vom Denken, vom Stirnpunkt her kann dem Kreuzpunkt der Impuls zur Körperbewegung gegeben werden. Eine Kraft feuert die andere an, eine stützt sich auf die andere. Die geistige Kraft stützt sich auf die „Festigkeit" des erdhaften Poles im Kreuz, die erdhafte biologische Kraft vertraut sich der bewußt gestaltenden, beweglichen, geistigen Kraft im Stirnpunkt an. Eine Kraft ist auf die andere angewiesen, eine kann ohne die andere nicht wirken; der Mensch bedarf beider, um zu sein. Atem, Nerven und Pulsschlag regulieren das Gleichgewicht. Der bewußte Gedanke aber vermag diese Kräfte willentlich zu gebrauchen, sie zu dirigieren, mit ihnen zu spielen.

Auch die Sprache gehört zu diesem Spiel. Wir bedienen uns eines Bildes aus der Physik, um ihren polaren Vorgang zu schematisieren, und zwar des der Ellipse:

Zwei in sich geschlossene Kreise stehen sich so gegenüber, daß sie miteinander korrespondieren können wie Antriebs- und Schwungrad, wobei jedes sowohl das eine wie das andere sein kann. – Dieses Bild übertragen wir nun als Vorstellung auf unsere eigene Person: den einen Kreis ziehen wir um den Stirnpunkt, den anderen um den Kreuzpunkt; um beide Kreise schlagen wir den verbindenden Bogen. Es entsteht eine Führung von der Stirn über Gesicht, Brust und Leib zum Kreuzpunkt und von diesem über das Rückgrat und den Kopf wieder zur Stirn. Wir wollen versuchen, uns in dieser Weise in uns so zu orientieren, uns analog den physikalischen Gesetzen zu ordnen und uns unserer zentrifugalen und zentripetalen Kräfte bewußt zu werden, um sie dann bei der Stimmgebung anzuwenden.

V. Atemführung in der Polarität

Der Tonsitz in der Maske, der vordersten Resonanz, von der aus der Ton angeschlagen und geführt wird, wird nicht nur durch eine Führung der Luft dorthin erreicht – denn wie könnte man sie „im Bogen" (wie es die Meister fordern) aus der Lunge durch Luftröhre, Mundhöhle, Rachen- und Nasenraum dorthin bringen –, sondern durch die *gedankliche Vorstellung,* die darüber wacht, und die den Weg dafür an eben der Randspannung der Ellipse entlang bereitet. Es bestätigt jeder gute Sprecher und Sänger, daß er sich als „hohl" empfinde, und daß er seine Stimme auf der Oberlippe spüre. Manchen sieht man es direkt an, wie sie ihre Töne vor sich hin balancieren und mit ihnen spielen, obwohl der Hauptwiderstand vom harten Gaumen gegeben wird. – Sprechen und Singen ist also ein vom Gedanken, von der bewußten Vorstellung gesteuertes Spiel zwischen Muskel, Luft und Energie, wobei der Ton durch Energie entsteht und wie ein Ball in der Luft von dem Sänger und Sprecher jongliert werden kann.

Der Ball fliegt, aus der Polarität gesteuert, als Drittes auch dem Interpreten selber zu. Das bestätigen uns die großen Meister; und so sprechen sie davon, daß man selbst wieder beschenkt wird. Das Wesentliche bei diesem Spiel – dieser Arbeit – ist, daß man sich immer wieder des Raumes bewußt wird, in dem die eigene Polarität und ihre Energie wirken, und zwar: *der kleinen Räume um die Polzentren* Stirn- und Kreuzpunkt und des *großen Raumes* durch Kraftwirkung und Energieausstrahlung *in unserem Körper.* Diese Räume sind im Laufe der Übungen durchaus als Realitäten zu erfahren. Man empfindet sie mit der Zeit als begrenzt, dunkel, leer und rund. In ihnen geschieht Geburt und Entfaltung der Stimme, hier erhält sie die persönliche Klangfarbe und Resonanz.

a) Der Kehlkopf im Spannungsfeld der Polarität

Der Kehlkopf selbst ist dabei nur mit der allernotwendigsten Beanspruchung beteiligt. Durch das Fallenlassen der Schultern, verbunden mit dem Aushängen des Scharniers bzw. des Unterkiefers, legt sich die Zungenwurzel etwas nach vorne, und es weitet sich der Hals. Man bekommt dabei das Gefühl, in und um den Kehlkopf herum sei es hohl, ja, als hänge der Kehlkopf in einer Leere. In der Fachsprache heißt das: *den Kehlgrund öffnen.*

Der Kehlkopf ist dabei frei von aller falschen Verspannung der Muskulatur, an der er aufgehängt ist, die ihn hält und trägt und seine vielfältigen Bewegungen unterstützt. Da ein direktes Arbeiten mit dieser Muskulatur die Gefahr birgt, daß sich die Stimme in ihr verfängt, raten alle großen Meister, die Konzentration von Hals und Kehlkopf fern zu halten und dem Schüler nur sparsame und vorsichtige Direktiven zu geben. Hals und Kehlkopf bleiben daher vorerst außer acht. In der Kehlgrundöffnung kann der Atem leicht ein- und ausströmen. Es erfordert einige Übung, den Kehlkopf in dieser Stellung bewußt über mehrere Atemzüge zu halten. Aber es stellt sich bald ein großes Wohlbehagen dabei ein, und wir können wieder beobachten, daß – während wir diese Weithaltung kontrollieren – wir wiederum mehr die Schwere im Kreuzpunkt spüren. Der Körper braucht diese Verankerung, um das Spiel im Kehlkopf freizugeben. Von dieser Abstützung her kann man zwischendurch auch leicht durch Schütteln von Kopf und Unterkiefer neu auftretende Verspannungen lösen. Die Beine bleiben federnd gespannt.

Wir halten also fest: Durch die bewußte polare Haltung lernt man, das Zusammenspiel von Kehlkopf und Luft auf die schonendste Weise zu führen. Der Kehlkopf ist so locker zu halten, daß er die kleinen, aber mannigfaltigen Bewegungen leicht und exakt auszuüben vermag, denn je nach der gewünschten Tonhöhe spannt der Stimmbandmuskel unwillkürlich die Einstellung der Stimmbänder. Die Wandungen des Organs müssen so leicht und weit wie möglich gehalten bleiben. Es erträgt dabei besser eine leichte Belastung von oben als von unten, denn die Stimmbänder werden ja gegen die ausströmende Luft gespannt.

b) Atemstütze

So exakt der Kehlkopf sich einstellen muß, ebenso exakt muß der Atem dosiert werden. Darum ist für seine Beherrschung ein dauerndes Training erforderlich, um seine Energie voll ausnützen zu können. Der Atem muß – selbst bei geringster Luftabgabe, – über die größtmögliche Dauer gleichmäßig abströmen, sich unterbrechen und wieder exakt einschalten lassen.

4. Übung:

Man setzt sich auf einen geraden Stuhl, der so hoch ist, daß die Oberschenkel eine gerade Linie bilden, schließt die Beine und legt die Handflächen etwas oberhalb der Knie auf die Oberschenkel. Leicht vorgebeugt sieht man dann auf seine Füße und denkt nun seinen Körper – angefangen bei den

Fußsohlen – langsam nach oben durch: Füße, Unterschenkel, Knie, Oberschenkel und Unterarme, Leib, Brust und Oberarme. Dabei weitet sich unwillkürlich die Brust in einem Atemzug, mit dem sich der Oberkörper aufrichtet, die Arme bekommen das Bedürfnis, sich auszuspannen und zu heben, und sobald wir nun den vollen Atemzug in die Lunge genommen haben, setzt sich der Körper mittels der Wirbelsäule und der Rückenmuskulatur in eine gute Ruhestellung auf den Kreuzpunkt, unterstützt vom Beckenbodenmuskel und der Bauchdecke.

Träger- und Stützmuskulatur – wichtige Knochenpartien

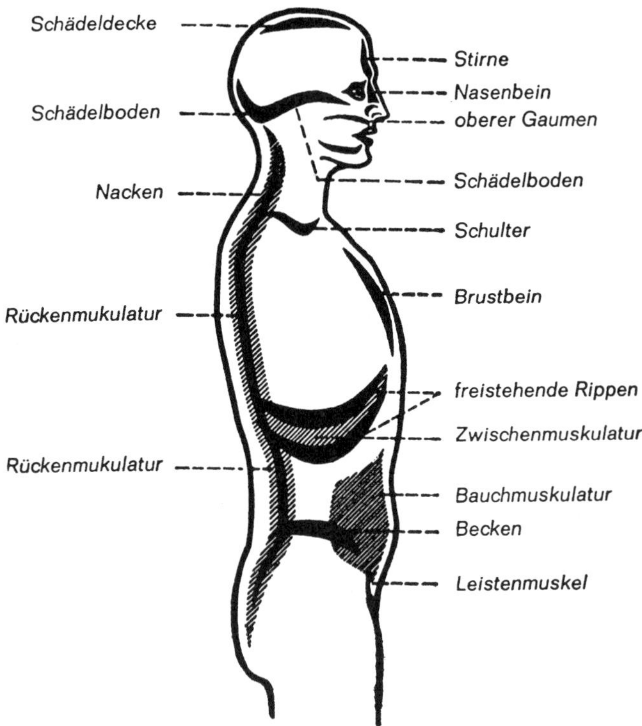

Dabei ist wieder besonders darauf zu achten, daß der Schultergürtel locker bleibt und die freistehenden untersten Rippen sich weiten. Gelingt die Übung nicht, so ist wahrscheinlich die Beobachtung nicht im Stirnpunkt geblieben, sondern mit in die Bewegung gegangen. Wir sitzen – bei richtiger Ausführung – ruhig auf dem Kreuz, die freistehenden Rippen – vom Atemzug ausgespannt – von der Muskulatur zwischen den Rippen gehalten. Wenn wir nun in dieser Haltung wieder ausatmen, greifen notwendig die Leistenmuskulatur und die Bauchdecke als „Stütze" ein, und wir bekommen im Kreuzpunkt das Gefühl für einen Ort der Ruhe und Kraft. Dieses Gefühl bleibt über dem Vorgang des Aus- und Einatmens konstant, während die Bauchdecke den Druck reguliert. Wir haben somit im Kreuzpunkt nicht nur den physikalischen Schwerpunkt, sondern auch eine „Zentrale" für unsere Vorstellung gefunden, in der wir unsere erdhaften Kräfte sammeln, von der aus wir sie bewußt in den Atmungsvorgang einschalten können. Auch das braucht natürlich seine Zeit.

5. Übung:

Wir üben nun die Abstützung des Körpers im Stehen. Wir stellen uns auf die leichtgespreizten Beine. Die Arme hängen locker herab. Mit dem Ausatmen senken wir etwas den Kopf, so daß wir unsere Fußspitzen sehen. Jetzt sehen wir mit dem Einatmen an unserem Körper hinauf bis in die Aufrechthaltung des Kopfes; dabei nehmen wir die Hände „mit", die sich dann vor der Körpermitte leicht ineinander legen. Die Brust füllt sich, die Schultern wollen sich heben. Darum geben wir der Brust im Rücken und bei den freistehenden Rippen den Impuls, so breit wie möglich zu werden. Sofort werden dadurch die Schultern wieder frei. Die Luft, die sich in der Luftröhre stauen möchte, atmen wir leicht ab. Damit wir die Abstützung auf den Kreuzpunkt elastisch ausbalancieren können, stellen wir uns entweder mehr auf das rechte oder das linke Bein als Standbein, das andere bleibt leichtgewinkelt als Spielbein. Wir können auch während des Ausatmens zwischen beiden Beinen wechseln. Bald werden wir auch in dieser Haltung einatmen können. Dann üben wir das rhythmische Zählen und beginnen auch bald, hin- und herzugehen. Sehr zu empfehlen ist es, die Zählübung bei Spaziergängen zu erproben. Auch bei manueller Arbeit ist sie anzuraten: Wieviele Schritte, wieviele Handgriffe gehen auf einen Atem?
Je freier der Atem die Bewegung begleiten und unterstützen kann, um so elastischer werden die Bewegungen, um so freier wird die Brust. Je freier die Brust ist, um so leichter und freier fühlen wir uns in uns selbst. Ja, das Gefühl von elastischer Leichtigkeit und Weite ist die sicherste Kontrolle, ob die Übung richtig gemacht wird.

6. Übung: Rückwärtige Weite

Das Gefühl der weiten Brust können wir noch sicherer erwerben, wenn wir im gleichen Stand beim Einatmen die Oberarme – mit den Ellenbogen nach rückwärts gehalten – abheben und etwas nach vorn führen. Man spürt, wie die Luft einfällt und sich zugleich die Weite bis hinter den Rücken einstellt (wobei auch da wieder auf lockeren Schultergürtel zu achten ist). Es spannt sich die Bauchdecke zur Stütze, der Brustkorb weitet sich bei den freistehenden Rippen, und man kann sich und die Luft auf der Basis des Kreuzes ruhen lassen, sich darauf setzen. Beim Ausatmen übernimmt die Bauchdecke die Führung der Luft. Das Gefühl der Weite soll aber bleiben und sich bis in die Armbeugen ausdehnen. Auch die Arme helfen so, die Atemenergie auszubalancieren.

Sollte sich das Gefühl der rückwärtigen Weite trotz aller Bemühung nicht einstellen, kann man sich über den Vorgang des Gähnens helfen. Man beobachte sich einmal selbst, wenn sich die Neigung zum Gähnen einstellt und versuche, bei Beginn und Ende die Ausspannung, die damit verbunden ist, mehr nach rückwärts, bei einiger Übung dann auch in den Hinterkopf und sogar über denselben zu denken.

(Der Psychologe, Professor Dr. P. Winfried Hümpfner erklärte den Gähnimpuls als Ventil oder Tor der Psyche, um von dem Bereich des Wachbewußtseins in den des Unterbewußten und zurück zu wechseln. Das Gähnen sei nicht nur ein Zeichen des Ermüdetseins sondern auch dafür, daß der Körperhaushalt eine Verlagerung des Tonus verlangt. Durch das Gähnen können sowohl die Schlafbereitschaft gefördert, als auch neue Kräfte für das Wachsein aktiviert werden.)

7. Übung: Gedankliche Führung

Der Atem muß nun ganz unter die Kontrolle des Gedankens kommen. Der Gedanke muß über dem Atem, über der Atembewegung bleiben, er darf nicht in die Atemzüge mit hineingehen, d. h., nicht mit im Ein- und Ausatmen sein. Dieses geschieht, indem man mit einem Teil der Gedankenkraft an den Schläfen verharrt, von dort aus die Zirkulation des Atems im Spannungsbereich Schläfe-Jochbögen-Schläfe in den Blick nimmt und im Blick behält. Damit hat man auch die Seitenbegrenzung des kleinen Raumes um den Stirnpunkt sicherer gefaßt. Wie im Kreuzpunkt findet man auch in diesem Raum bald einen Halt- und sicheren Ruhepunkt für die gedankliche Führung des gleichmäßig strömenden Ein- und Ausatmens mit den kleinen Zwischenpausen.

8. Übung: Spiel mit der Luft

Von diesem Raum um den Stirnpunkt aus kann man also das Einatmen verfolgen: die Luft fällt im Bruchteil einer Sekunde ein, der Körper weitet sich, die Trägermuskulatur der Bauchdecke schaltet sich ein, man kann sich auf den Kreuzpunkt stützen und erlebt, daß dieser sich mit der Zeit immer mehr festigt. Nur muß man darauf achten, daß die Luft in der Lunge nur bis zur Hälfte der Brust zu spüren ist, Schultern und Arme frei beweglich bleiben, und daß der Zug des Ausatmens immer mehr der Trägermuskulatur der Bauchdecke überlassen wird. Die Atemabgabe wird in jeder Dosierung – langsam, schnell, unterbrochen oder stoßweise – vom Willen dirigiert. Die *Verstärkung des Atemzuges* gewinnt man durch intensiveres Abstützen der Luft, indem man von der Schläfe zum Kreuzpunkt hin denkt und die Anspannung der Trägermuskulatur der Bauchdecke in Richtung auf die Lendenwirbel lenkt. Dabei schaltet sich spürbar die Rücken- und Lendenmuskulatur als Halt mit ein. Die Intensivierung geschieht also nicht in der Richtung des Luftweges Lunge-Mund!

Die *Verlangsamung der Luftabgabe* erreicht man dadurch, daß man zu dieser Stützhaltung noch einen kleinen, sanften Gegendruck vom Schultergürtel und Brustbein gegen das Zwerchfell richtet. Der Fachausdruck dafür heißt „*Atemverschluß*". Es ist, als ob man der eingeatmeten Luft einen Deckel aufsetze. Unterhalb dieses Deckels kann man die Luft wie nach unten abfließen lassen. Man nennt das „abatmen". Die Luftabgabe geschieht also nicht durch eine Führung ihres Ausströmens durch die Luftröhre, sondern sie strömt im Maße dieses Gegendruckes von oben, vom Zwerchfell ab. Und zwar lenkt man den Gegendruck im Halbkreis von oben schräg herab und über das Zwerchfell hinaus. Man kann dabei die Hände zu Hilfe nehmen. Nach dem Einatmen legt man sie – wie in der Atemübung 2 – vor der Brust übereinander und führt sie dann im Zuge des Abatmens mit, schräg nach unten vor. Läßt man im Gegendruck nach, bleibt die Luft durch den Deckel des Atemverschlusses trotzdem in Ruhe und in der Beherrschung der willkürlichen Dosierung. Das ist besonders beim Unterbrechen des Luftstromes der Fall.

Die Dauer des Atemstromes wird durch die Weithaltung der freistehenden Rippen gewährt. Diese Weithaltung ist unter allen Umständen bis zum letzten Atemquentchen beizubehalten! Ebenso die Abstützung auf den Kreuzpunkt und die Beobachtung vom Stirnpunkt aus. In dieser Konzentration atmen und zählen wir in unterschiedlichem Rhythmus schneller oder langsamer, lauter oder leiser, oder wir atmen auch nur auf den Buchstaben –f– oder –s– aus,

wobei darauf zu achten ist, daß der Atem wie ein feiner Faden den oberen
Gaumen entlang strömt, und daß dieses –f– bzw. –s– ganz gleichmäßig, fein,
mit einem kühlen Blasen geschieht. Dies sollte solange geübt werden, bis
man die Empfindung bekommt, daß sich aus dem Gedanken und der Luft ein
spürbarer „Energiefaden" bildet, auf dem man dann später Ton und Sprache
führen kann.

9. Übung: Lachen und Weinen

Beim Lachen und Weinen wird das Zwerchfell durch das Ausbalancieren der
Luft, und zwar beim Ein- wie beim Ausatmen besonders in Mitleidenschaft
gezogen. Beobachtet man den natürlichen Ablauf des Lachens, so veranlaßt
es ein stoßweises Heben und Senken des Zwerchfells beim Ausatmen. Beim
Weinen im Einatmen (Schluchzen) zeigt sich dieses gleiche stoßweise Heben
und Senken beim Einatmen. Atmet man beim Lachen ein, so kann es vor-
kommen, daß das Zwerchfell die Ausdehnung nicht so schnell mitvollziehen
kann, wie sie der Lachimpuls für die Ausatmung benötigt; man bekommt fast
keine Luft. Oft stellt sich dann sogar Seitenstechen ein. Die gleiche Atemnot
kann sich beim Weinen im Ausatmen zeigen, da auch das Schluchzen eine
völlige Ausdehnung des Zwerchfells verhindert, besonders, wenn man die
Unruhe des Zwerchfells über beide Atemzeiten durchvibrieren läßt. Bei der
Übung beider Gemütsbewegungen ist daher besonders auf gutes Entspannen des Zwerchfells zwischen den Atemzügen zu achten. Bei diesem Entspannen darf keinesfalls die elastische Spannung zusammenfallen, die der
Tonus braucht, um unseren Körper als Instrument zu halten. Unsere Einstellung auf Polarität und Weithaltung muß also konstant bleiben.

Wir üben das *Lachen* auf ein halblautes he-he-he (ohne Klang) bei ganz
locker gehaltenem Zwerchfell. Die Bauchdecke gibt den Stoß zum Ausatmen,
der Rücken bleibt breit. Dann steigern wir die Lautgebung und üben das
Lachen auf allen Vokalen. Beim *Weinen* sagen wir das he-he-he während
des Einatmens und lassen die Lautfolge vom Zwerchfell auffangen. Man kann
dann auf ein einziges – etwas gestoßenes –ehe– wieder ausatmen oder es
auf ehehe– ausdehnen. Das bleibt der Übung und dem Geschmack überlassen.

Muß während des Weinens oder Lachens gesprochen werden, ist die rückwärtige Weite am Hinterkopf zu halten, sonst wird die Artikulation zu un-
deutlich, denn durch die stoßweise Luftzufuhr kann sich die Zunge nur breit
legen. Hält man aber den Hinterkopf weit, kann man die Zunge in ihrer Spitze
arbeiten lassen und das Lachen und Weinen beherrschen und führen.

c) Der Bogen

Dank der Kirlianfotographie dürfen wir heute von einem Kraftfeld sprechen, das aus dem Zusammenwirken von Atem, Blut- und Nervenkraft entsteht. Im Oberbauch wird die Hauptschlagader von einem Nervengeflecht, dem Sonnengeflecht, umsponnen. Dadurch entsteht ein Dynamo, der durch den Atem in Betrieb gesetzt wird. Die so entstehende Energie schafft das Potenzfeld unserer Person, das über unsere Hauptbegrenzung hinausreicht.

Ich darf hier an alte Heiligenbilder erinnern: Der Heiligenschein, auch „Aura" oder „Mandorla" genannt, umgibt den ganzen Menschen. Aber diese strahlende Energie ist nicht nur als außenherumliegend gemeint. Sie durchdringt den ganzen Körper und zeigt über dessen Begrenzung hinaus das Kraftfeld der Person an.

In etwa können wir uns dieses Kraftfeld auch analog dem des Magnetfeldes vorstellen. Die alternative Medizin spricht von ihm mitunter auch als dem „bioplasmischen Körper" des Menschen.

Denken wir noch einmal an das Bild der Ellipse: Auf der einen Seite ist der kleine Raum um den Stirnpunkt, auch Stirnblick und Konzentrationspunkt genannt; auf der anderen Seite, am Ende des Rückgrates der Raum um den Kreuzpunkt, das „Tanden" der östlichen Weisheit, die „Erdmitte" des Menschen, sein physikalischer Schwerpunkt, der dem Schwerpunkt der geistigen Kraft an der Stirne gegenübersteht. Und zwischen diesen beiden Polen bildet sich der große Raum des Spannungsfeldes, das aus dem Zusammenwirken der beiden Kräfte Stoff und Geist vermittels des Atems entsteht. Je mehr wir dieses Kraftfeld empfinden, desto sicherer werden wir als Person, umso elastischer wird unser Stand, umso gelöster werden unsere Bewegungen, umso freier können wir mit unserer Körper- und Atemenergie schalten und walten.

Das Führen des Gedankens innerhalb dieses Kraftfeldes von der Stirn, über Brust und Leiste zum Kreuzpunkt und, denselben gewissermaßen umkreisend, zurück über Rücken und Kopf zum Stirnpunkt, heißt in der Fachsprache „den Bogen aufstellen".

Aura

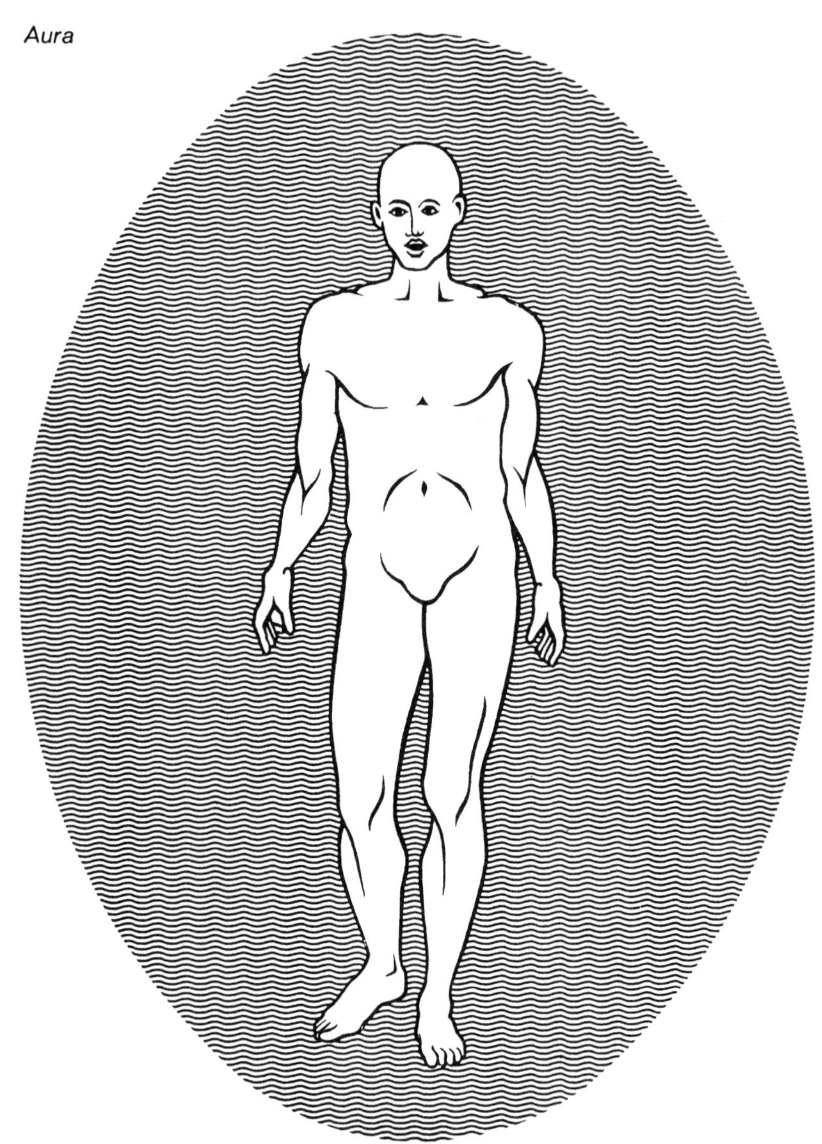

Die Wellenlinien sind durch den Körper laufend zu denken.

*In Anlehnung an E. W. Leadbeater „Der sichtbare und der unsichtbare Mensch"
Hermann Bauer Verlag, Freiburg*

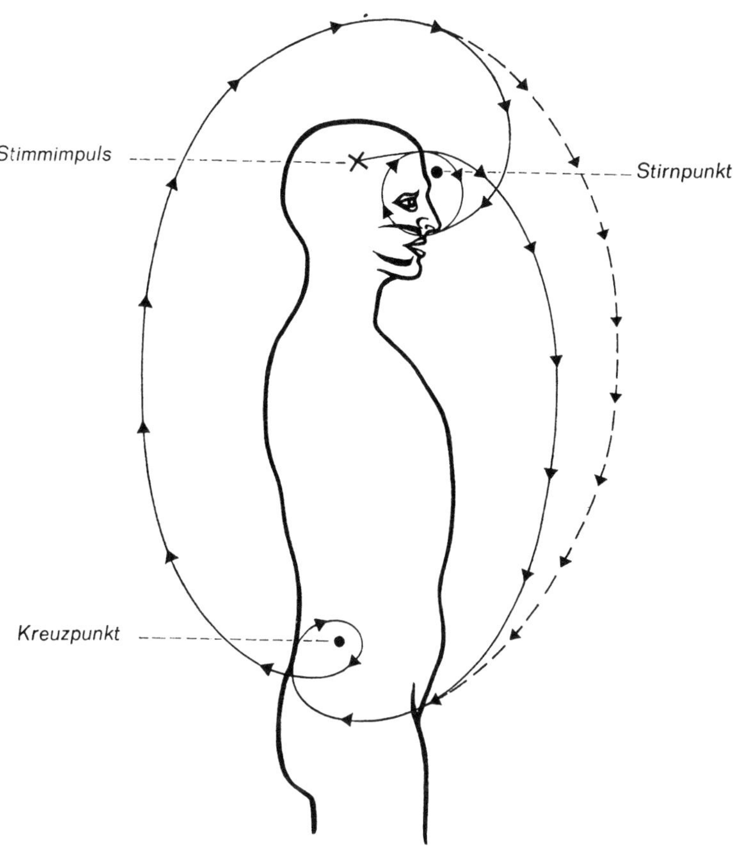

Dieser Bogen ist entscheidend wichtig. Er ruht auf dem Kreuzpunkt, ist gehalten im Stirnpunkt, wird durch das Atmen im bioplasmischen Körper aktiviert und von der Vorstellungskraft besonders nach rückwärts und oben gespannt. Innerhalb des Bogens wird im Raum der Maske der Impuls zur Sprache ausgelöst. Von hier aus führt der Gedanke den Sprechimpuls wie auf einem Faden zu den Sprechwerkzeugen. Es ist wie ein Griff von den Brauen aus zur Oberlippe, um von vorne her die Sprechwerkzeuge zu fassen und ihnen so die Sprache abzufordern. Durch die Abstützung auf den Kreuzpunkt strömt die Luft nur im Maße der Anforderung von den Gedanken durch den Kehlkopf in die Lautgebung ein. Gleichzeitig strömen aus der um den Kreuzpunkt gelagerten Potenzkraft Bildekräfte über den Bogen in die geistige Vorstellung. Da zu diesen Kräften um den Kreuzpunkt auch die Sexualkraft gehört, werden auf diese Weise die Zeugungskräfte des Menschen in die geistige Arbeit eingeschaltet und sublimiert. Die richtige Polaritätshaltung ermöglicht also einen größeren Gestaltungsradius, eine „Zeugungserfahrung" geistig potentieller Art. Diese Erfahrung macht jeder schaffende Künstler.

VI. Vokale

a) Lautfindung

1. Übung

Die Sprechübungen beginnen wir in der Haltung der gelösten Ruhe. Wir lockern alle Gelenke, achten besonders darauf, daß der Schultergürtel frei ist, und greifen nun mit beiden Händen den Bereich der Maske; das heißt, wir legen die Daumen an die Scharniere des Unterkiefers, die drei mittleren Finger über die Augenbrauen, die kleinen Finger schließen wir vor der Nase zusammen. Nun versuchen wir, nach dem Einatmen von den Brauen herab, d. h. vom Stirnpunkt aus, den Impuls zu geben, den Mund zu öffnen. Dabei lassen wir den Unterkiefer vom Scharnier aus fallen, öffnen den Mund also an der Schläfe bzw. von ihr aus. Der Unterkiefer springt dabei aus dem Scharnier. Diese Übung ist solange zu wiederholen, bis die Gelenkbewegung locker läuft.

Nun dirigieren wir bei leicht geöffnetem Mund und etwas angehobener Zunge einen intensiveren Atemzug zur Stirn. Es erklingt ein verhauchtes –i–. Führen wir den Atemzug weiter, lassen dabei aber den Unterkiefer aus dem Scharnier fallen, schließt sich an das –i– ein –a– an. Der Kiefer geht dann wieder in seine Ausgangsstellung zurück. Nun nehmen wir dieses Fallenlassen gedanklich in eine kleine Drehbewegung in der Maske, die mit dem Ausatmen läuft. Es wird daraus eine rasche Folge von i–a–i–a–i–a–. Der Gedanke hält dabei vom Stirnpunkt aus die Drehbewegung im Raum von Stirn, Nasenrücken, Oberlippe fest. Mund- und Rachenraum sind *nicht* dabei einbezogen!

Lassen wir den Kiefer etwas langsamer fallen, so finden wir die Klangwirkung von –e– und –ä–, die zwischen –i– und –a– liegt: i–e–; i–ä–; i–e–ä; i–e–ä–a.

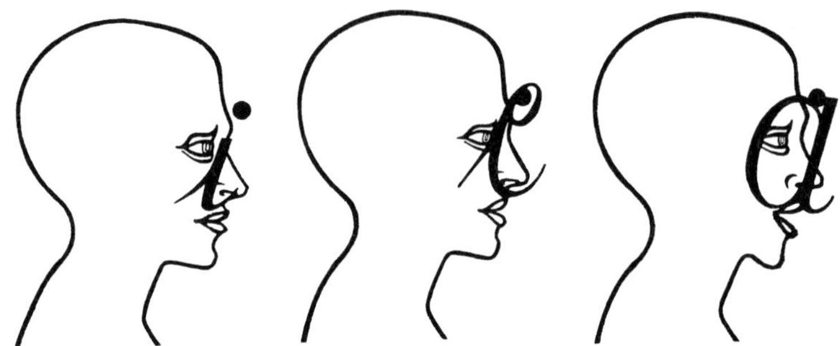

2. Übung

Aus der Ausgangsstellung, in der ein –i– erklingt, wird mit Hilfe des Muskelzuges der Backenpartie und der Lippen, die nach vorn geschoben werden, der Laut **–u–**. Im Rhythmus der Muskelbewegung vor zur Nasenspitze und zurück entsteht eine Folge von i–u–i–u–i–u.
Aus der –u–Haltung entsteht durch leichtes Fallenlassen des Unterkiefers und eine kleine Drehbewegung des Scharniers nach vorn das **–o–**.

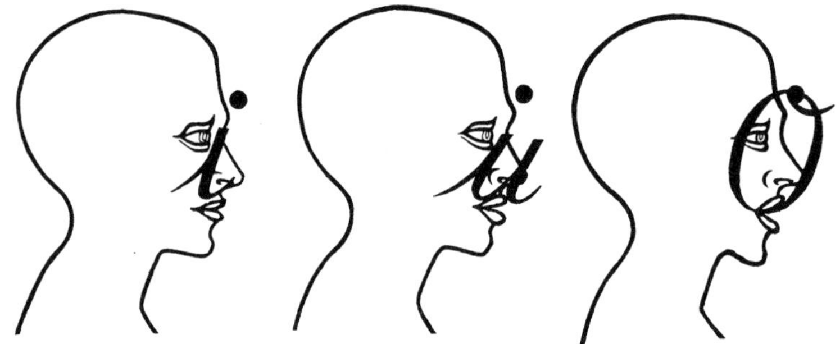

Von ihm finden wir durch weiteres Öffnen des Mundes wieder zum –a–. Es läßt sich also leicht kontinuierlich die Vokalfolge –i–u–o–a– bilden.
Die Umlaute **–ü–** und **–ö–** liegen wieder zwischen den reinen Vokalen; –ü– liegt zwischen –i– und –u–;
das geschlossene –ö– zwischen –u– und –o–;
das offene –ö– zwischen –o– und –a–.
Im Zusammenspiel von Scharnier und Backenmuskeln versuchen wir nun die Lockerungsübung –iuia–iuia–iuia–. Dies alles noch ohne Ton, ohne Stimm-

gebung, elastisch, leicht, immer schneller werdend, den beobachtenden Gedanken über der Braue haltend. Die Vorstellung der kleinen Drehbewegung Stirn–Nasenrücken–Oberlippe– und zurück hilft zu rascherem Vollzug.
Während dieser Übungen stellt sich mit der Zeit – mit zunehmender Lockerheit – auch das Gefühl eines „Weitwerdens" an der Schläfenpartie ein. Die Stimmbildung hat dafür den Ausdruck „die Schläfen öffnen sich" geprägt.

Führungs- und Anschlagsraum – Sitz der Vokale

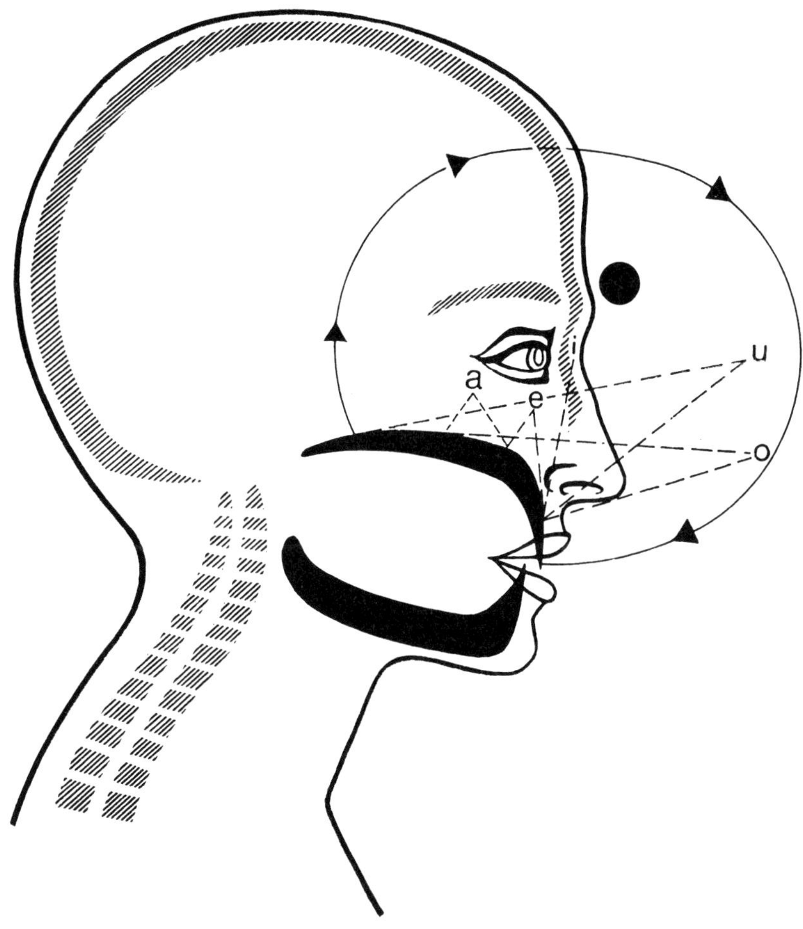

Auch diese Weite muß zur konstanten Haltung erarbeitet werden; denn aus ihr gewinnen wir nicht nur die Ruhe und Sicherheit für unsere Konzentration, für die Direktion unserer Sprachführung und den Tonansatz, sondern sie ist zugleich der Zugang zu dem großen Raum unseres Körpers, unserer Resonanzräume. Weiter gibt diese Haltung die größte Gewähr dafür, daß der Kehlkopf frei von jeder falschen Belastung bleibt.

In der Weite der Schläfe „hängt" also gewissermaßen der kleine geistige *Arbeitsraum*, in dem die Vorstellung für die Abfolge der Sprache gebildet und dirigiert wird. Dieser Raum ist gewissermaßen eine „Kugel", deren Wandungen für uns unverletzbar werden müssen, damit wir später bei voller Stimmgebung nicht in Kollision mit den Tonwellen kommen. Diese Kugel muß sich vor und über dem Scharnier – wie freischwebend zwischen den Schläfen – vom Gedanken balancieren lassen. Mund- und Rachenhöhle gehören nicht zu diesem Raum!

Jetzt beginnen wir, die Stimme einzusetzen. Wie immer gehen wir von der Haltung der Ruhe aus: fester Kreuzpunkt, wacher Stirnpunkt.

3. Übung

Vor dem *Toneinsatz* ist auf lockere Gelenke, besonders im Hals- und Schulterbereich, zu achten. Dann legen wir mit einem leichten Druck den Kehlkopf nach vorne, schräg abwärts, verspannen ihn gleichzeitig ganz sacht zum Nacken hin und halten ihn so gegen die ausströmende Luft. Wir „blasen" mit einer kleinen Luftabgabe etwa vorhandene Druckluft unterhalb des Kehlkopfes weg. Fühlen wir uns zur Schulter hin frei, nehmen wir Atemverschluß und geben von der Stirn zur Oberlippe hin den Ansatzimpuls. Es erklingt im Nasenraum ein Summton. Man vermeide, in einer bestimmten Tonhöhe einzusetzen. Der Ton, der sich bei entspannter Haltung aus dem Summton entwickelt, ist der *Normalton*, von dem alle Übungen ausgehen sollen. Man gehe im Anfang nicht viel über oder unter seine normale Tonlage hinaus.

Nehmen wir nun die gerade geübte Resonanzhaltung für die einzelnen Vokale ein, so merken wir sehr bald, daß mit einer Muskelbewegung der Leiste der Klang leichter die vordere Resonanz gewinnen kann. Wir müssen aber exakt mit unserer Beobachtung an den Brauen bleiben und im Laufe der Abfolge die kleine Drehbewegung auf schmalstem Wege denken. In dieser Haltung wiederholen wir die Übungen: –i–a–; –i–e–a–; –i–u–; –i–u–o–; –i–u–o–a–. In einer größeren Dreh- bzw. Schwungbewegung aus dem Körper üben wir die Lautfolge –na–e–i–u–o–a. Die Bauchdecke führt den Impuls, die Abstützung auf den Kreuzpunkt wird beibehalten. Das –n– bewirkt, daß sich der –a–Anlaut nicht im Rachenraum verfängt.

Laufen diese Vokalfolgen mit Leichtigkeit, erfahren wir, daß tatsächlich von der Stirn her – dem kleinen Arbeitsraum – die Vokale und Töne angeschlagen werden können, daß Konzentrationspunkt, Vokalpunkt und Tonkern zusammenfallen, während der Vibrationsanschlag am harten Gaumen mehr als Resonanzstütze erfahren wird. Aber auch die Sprechwerkzeuge für die Konsonantierung werden von hier aus angefordert. Ja, der ganze Sprachablauf wird vom Konzentrationspunkt aus im Blick, also in der geistigen Direktion gehalten, auf kleinstem Raum kontrolliert und auf schmalstem Wege geführt. Wenn wir den Vokal konzentriert denken, vollzieht der Körper die nötige Einstellung dazu, und er vollzieht sie um so selbstverständlicher, je ruhiger wir uns dabei auf unseren Kreuzpunkt stützen. Das Gefühl dafür wird sich erst nach und nach einstellen, doch es ist wichtig, sich immer wieder darauf zu besinnen und die Vorstellung zu nähren, daß man sich mit großer Ruhe auf seinen Kreuzpunkt setzen und sich auf ihn verlassen kann, während das Denken der Drehbewegung die Dosierung des Atems bei den Übungen unterstützt. Dabei kann man auch das Ausatmen immer mehr verlängern und im Wechsel der Atembewegung (des Ein- und Ausatmens) die Weithaltung immer gelöster durchhalten. Je besser die Atemdosierung gelingt, desto mehr erfahren wir den Raum um den Kreuzpunkt als Ruhe- und Kraftraum.
Zwischen den beiden kleinen Räumen, den Polen an Kopf und Kreuz, muß stets die Distanz gewahrt bleiben, wenn das durch sie gebildete Spannungsfeld mit seinen Kräften zum Einsatz kommen soll. Diese Distanz schafft neben dem Atem unsere Vorstellung. Durch die Einatmung wird das Distanzverhältnis zur Aktivität animiert. Im Verlaufe des Ausatmens sackt es proportional zur Luftabgabe zusammen. Durch die Vorstellung der Weithaltung aber vermögen wir die Distanzhaltung zu bewahren.

4. Übung

Wir erproben diese Haltung mit kleinen, kurzsilbigen Übungen. In der Haltung für das –i– greifen wir mit den oberen Zähnen auf die Unterlippe und dann zur Zungenspitze: fitifitifit.
Ebenso aus dem Lippenverschluß zur Zungenspitze: pitipitipitipit.
Dann vom Zungenrücken am oberen Gaumen zur Zungenspitze: kitikitikit. Wenn wir die Schulterpartie locker genug halten, so beobachten wir dabei eine Echowirkung im Brustraum, d. h. einen Rückstoß der Luft von Brustbein, Zwerchfell und Rücken her. Diese Wirkung muß unter allen Umständen eintreten, besonders, wenn wir die Übung erweitern auf piketepiketepikete, kipetekipetekipete. Am wirkungsvollsten ist es, wenn man diese Übungen nur flüstert. Man lernt daraus, daß man praktisch nur die Konsonanten mit-

einander verbinden muß. Die Vokale klingen dann von selbst dazwischen. Man übe also –p–t–k, –k–p–t, –p–k–t–.

Eine der wichtigsten Übungen ist die für die „springende Zunge": In raschem Wechsel sprechen wir –t–d– als –tadatadatada. Nur die Zungenspitze darf dabei beschäftigt sein. Die Zungenwurzel bleibt unbelastet.

Die Variante –d–t– klingt **detedetedete**. Dabei merken wir, daß wir der Zunge mit der Leistenabstützung zu Hilfe kommen müssen, sonst stützt sich der –t–Laut auf die Zungenwurzel, was unbedingt zu vermeiden ist.

Die gleiche Beobachtung machen wir bei –b–p–, das wie be**pe**be**pe**be**pe** klingt, im Gegensatz zu –p–b: **p**aba**p**aba**p**aba, und bei –g–k– ge**ke**ge**ke**ge**ke** zu **k**aga**k**aga**k**aga.

Nun üben wir in dieser Weise –trfnd–, es klingt wie –treffende–, –bglknd = beglückende, bdrknd = bedrückende. Man versuche, die Lautfolgen auf einen Atem mindestens 5 – 8 mal zu wiederholen. Nur die Leiste darf die Zungentätigkeit tragen. Wir laufen sonst Gefahr, uns nicht nur auf die Zungenwurzel, sondern auch auf die Halsmuskulatur zu stützen, und würden dadurch den Kehlkopf beengen und belasten. Darum muß der Anschlagsimpuls auch noch den Muskelzug der Leiste aktivieren. Dies gelingt um so besser, je mehr wir uns auf den Kreuzpunkt abstützen.

Zum Einspielen der vorderen Vokalresonanzen wählen wir die kleine Verbindung eines Vokals mit –m– und –n–. Und zwar denken wir nach der Einstellung auf den jeweiligen Vokal einen exakten Griff von der Braue zur Oberlippe und ein leichtes Spiel zwischen dieser mit der Zungenspitze. Mit ganz leichtem, leisem Ton üben wir: miniminiminimini, solange der Atem reicht; dann menemenemenemene, manemanemanemane, monemonemonemone, munemunemunemune; dann mit den Umlauten münimünimünimün, mönemönemönemön und mänemänemänemän. Zum Schluß nehme man alle Vokale im raschen Wechsel. Die Bauchdecke trägt und reguliert die Atemgabe: minemanemeneminemunemone etc.

b) Raumgewinnung durch Vokale

Wir haben schon zu Beginn und im Verlauf aller Übungen auf die Weithaltung beim Ein- und Ausatmen achten gelernt. Nun soll sie uns helfen, uns des großen Raumes, des Energiefeldes unserer beiden Pole, noch besser bewußt zu werden. Wir erfahren diesen Raum in seinen verschiedenen Dimensionen durch die Atmung in Verbindung mit gedachten Vokalen, wovon jeder in unserem Körper seinen besonderen Resonanzbereich hat. Wir gehen dabei von der Atemübung für die rückwärtige Weite aus (vgl. Kap. V, 2. Übung).

5. Übung

Wir greifen mit beiden Händen die Schläfenpartie und denken von Schläfe zu Schläfe über die Brauen eine Gerade. Bei locker gehaltener Nase und leicht geöffnetem Mund liegt in der Breite der Augenpartie das „Einfallstor" für den Atem. Dabei versuchen wir, die Schläfen weitzuhalten. Wir bleiben mit dieser Vorstellung über dem naturgegebenen Atemstrom. Wie in einer Waagerechten strömt die Luft ein und aus, und wir denken dabei ein –a–. Dabei verfolgen wir auch hier mit unseren Gedanken nicht den Weg des –a– mit der Luft, sondern betrachten den Vorgang vom „Arbeitsraum" aus. Bei leicht vorgeneigtem Oberkörper läßt sich das am besten üben. Die Ellenbogen werden vom Körper weggehalten. Wir üben im Sitzen und Stehen. Im Sitzen kann man die Ellenbogen auch aufstützen.

Sehr bald wird sich das Gefühl einstellen, die Luft fülle sowohl den Nacken als auch den Brustkorb *rückwärts über die Schulterpartie und Rückenwandung hinaus*. Nun muß man versuchen, diese Ausweitung während des Ausatmens durchzuhalten. Es gelingt, wenn man den diesbezüglichen Gedankenimpuls im Blick, im Arbeitsraum, behält, also die Vorstellung dessen, was man beabsichtigt, nicht verliert. Mit dieser Beobachtung ist der erste Schritt in den großen Raum gelungen. Es wäre gut, diese Atemübung solange zu machen, bis man den Raum hinter sich als zu sich gehörend und jederzeit zugänglich begriffen hat.

Um es noch einmal festzustellen:

1. die kleinen Räume um Stirn- und Kreuzpunkt werden durch die ruhende und *aus*strömende Luft bewußt,
2. der große Raum unserer Person, wird durch die *ein*strömende und ruhende Luft bewußt,
3. in beiden Bewegungen behält der beobachtende Gedanke die Direktion vom Konzentrationspunkt aus.

(Vergl. Zeichnungen zu „Aura" und „Der Bogen".)

Ist man im Ein- und Ausatmen nur einigermaßen geübt, stellt sich die Sicherheit des Raumgefühls während des Atmens ein. Ja, das Raumgefühl erweitert sich mit der Zeit über unseren ganzen Körper hinaus; wir lernen, unsere erweiterten Grenzen „begreifen"; wir lernen, darin unter unserem „Bogen" zu stehen wie unter einer Wölbung oder in einer Schale.

Hier muß nun noch einmal an die „Aura" erinnert werden. Sie beginnt nicht etwa nur an der Außenfläche des Körpers und hüllt ihn ein, sondern sie ist das Spannungsfeld, das sich aus dem polaren Lebendigsein ergibt, das den Körper durchdringt und übergreift, auch und besonders nach rückwärts. Innerhalb seiner wird der „Bogen" gezogen.

Diesen Raum hinter uns müssen wir stärker in unser Bewußtsein heben, denn in der Ausweitung nach rückwärts liegen nicht nur unsere größten Resonanzmöglichkeiten, sondern auch eben die ganze andere Hälfte unseres persönlichen Energiefeldes, vor allem die „zeugenden" Bildekräfte. Aus diesem Raum „schlagen wir den Bogen" – die Brücke unserer Sympathie und Antipathie – in unsere Umwelt, von hier aus erhält unsere Stimme Klang und Gehalt.

Der Vokal –a– verschafft uns den Zugang zu dieser unserer personhaften Dimension. Das –a– ist der Laut des Erwachens, der Laut, der alle unsere größeren Gemütsbewegungen begleitet, ob er hörbar oder unhörbar erklingt. Ihn so zu beherrschen, daß er im kleinsten Punkt geführt und auf schmalstem Wege zur größten Variabilität gebracht werden kann, ist dringend notwendig. Die Fülle seiner Klangwirkung gefährdet die Stimmbänder am meisten. Die Stärke seiner Vibration erzeugt zu viele Widerwellen. Das –a– drückt am meisten auf den Kehlkopf.

c) Vokalpunkt und Vokalräume

Die Klangbezirke der anderen Vokale sind wesentlich begrenzter, wenngleich wir mit ihrer Übung erfahren, wie weit das Denken unsere Körpermaterie durchdringen und dirigieren kann. Um nun bei den folgenden Übungen zu verhindern, daß es zu einem übermäßigen, schädlichen Blutandrang in den jeweiligen Vokalbezirken kommt, was leicht der Fall ist, wenn wir den vollen Vokalklang nehmen, suchen wir *einen allen Vokalen gemeinsamen Punkt*, der von der Vorstellung im kleinen Arbeitsraum an der Stirne fixiert wird und im Blickpunkt gehalten bleibt; wir suchen den *Vokalpunkt, Vokalkopf* oder *Vokalkern*. Ihn halten wir im Stirnpunkt und lassen der Schwingung des ganzen Vokales ihren Klang- und Resonanzraum selbst finden, in der Ausweitung nach rückwärts.

Zentralpunkt des –i–

Wir nehmen vom –i– den Punkt:

vom –e– den kleinen Abstrich: 

beim –a– gibt das deutsch geschriebene –a– im Punkt der –a–Schlaufe das Bild:

lateinisch geschrieben verdicken wir den Beginn des Abstriches: 

Wir nehmen vom –u– das Häubchen der Kurrentschrift: 

vom –o– die Schlaufe: 

von den Umlauten die kleinen Striche: 

und legen nun in Gedanken alle Vokale so übereinander, daß sich die jeweils gefundenen „Punkte" im –i–Punkt treffen. Wir haben so für alle Vokale gewissermaßen den Zentralpunkt im Punkt des –i– und können von ihm aus auf alle anderen Vokale wechseln.

So vorbereitet, begeben wir uns auf die Erforschung der einzelnen Klangräume der Vokale. Der *Vokalpunkt* bleibt dabei immer im *Stirnpunkt!* Im Kreuzpunkt sammeln wir Ruhe und Kraft und bemühen uns um die rechte Distanzhaltung, also Ausweitung.

Denken wir beim Einatmen an einen bestimmten Vokal, so erfahren wir eine bestimmte Ausweitung davon im Körper und zwar an einer ganz bestimmten Stelle. Wir spüren

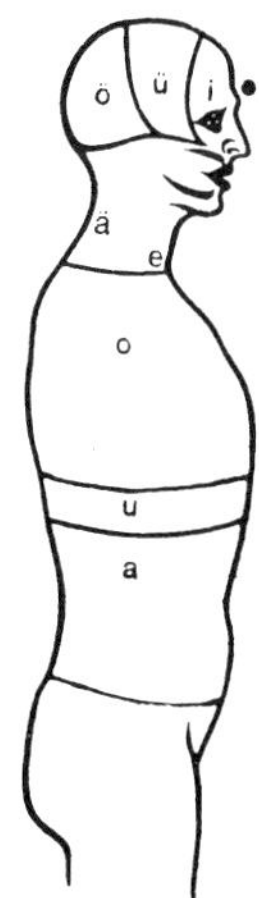

–i– am Nasenbein, an der Stirn
und im vorderen Schädelraum,

–ü– an der Schädeldecke, gegen den Hinterkopf zu,

–ö– im Hinterkopf,

–ä– in Nacken- und Schulterpartie,

–e– in Hals- und Schulterpartie,

–o– im Brustraum,

–u– in der Taille, d. h. im Raum zwischen Brust und Leib,

–a– partiell im Leib, aber auch im ganzen Körper.

Es ist aber möglich, jeden Vokal vom Stirnpunkt aus in jedem anderen Vokalraum zum Klingen zu bringen. Nur muß dabei der Vokalpunkt im Stirnpunkt fixiert bleiben, während der Vokalklang in den jeweiligen Räumen ausschwingen kann. Auf diese Weise erhält sowohl der Vokal, als auch der Ton seine Variabilität. Darum gilt es, sich in die konstante Weithaltung einzuüben, damit jeder Vokal leicht vom Gedanken wie an einem Faden in jeden

Verhältnis von Vokalpunkt zu seinem Vokalkörper

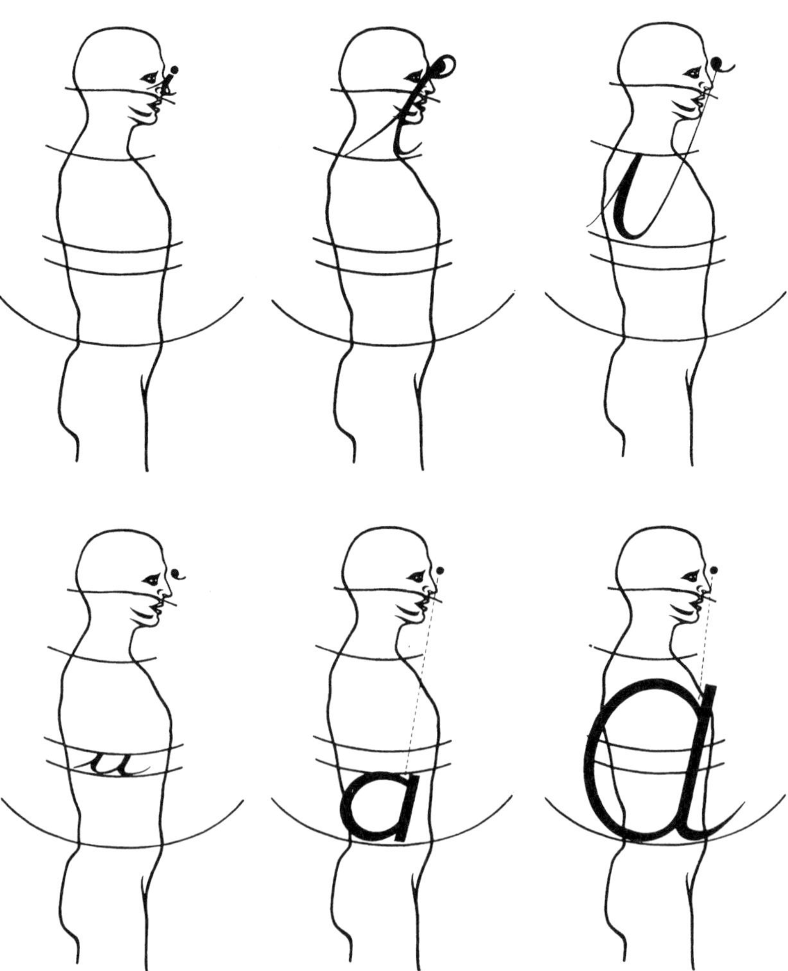

gewünschten Resonanzraum geführt werden kann. Denn jeder dieser Räume hat – dem Vokal entsprechend – seinen eigenen Klangcharakter, von dem aus man der Stimme den unterschiedlichen Stimmungsgehalt geben kann.
Wenn wir uns dabei mit der nötigen Ruhe und Kraft auf den Kreuzpunkt stützen, erfahren wir, daß wir mit einer aufsteigenden und mit einer absteigenden Kraft arbeiten. Mit einer *Schwer- oder Zentripetalkraft zum Kreuzpunkt hin,* mit einer *Flieh- oder Zentrifugalkraft zum Stirnpunkt hin.* In gleichmäßigen Strömen dieser polar georteten Kräfte kommt der Vokal zum Klingen. So erhält unsere Sprache ihre Gestaltung. Durch den Stimmimpuls im

Gegenströmung von Zentrifugal- und Zentripetalkraft

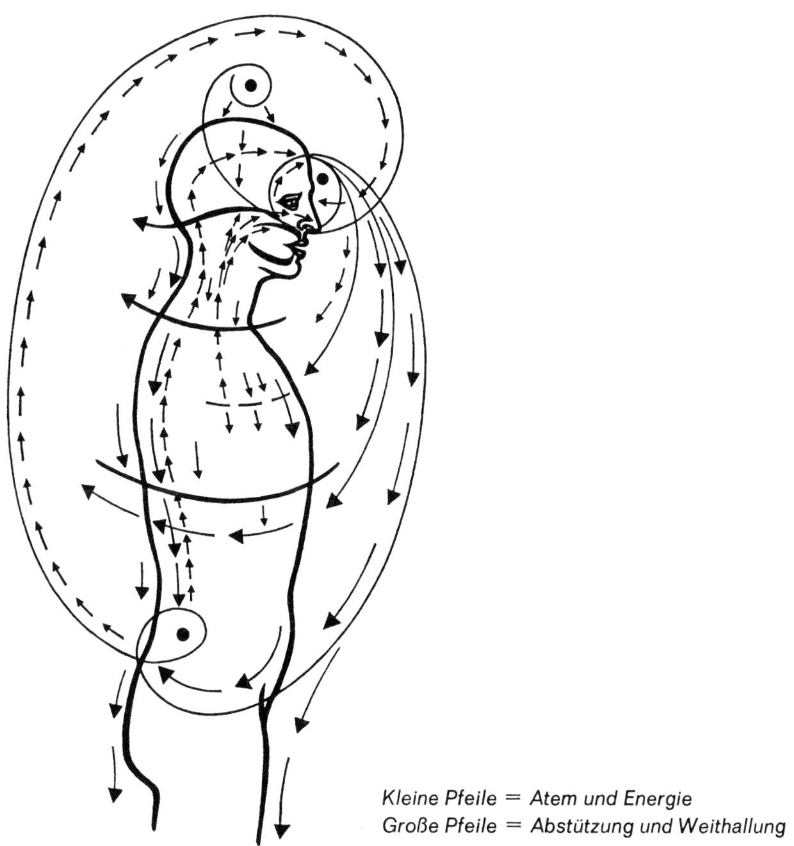

Gehirn richten sich unsere Kräfte zentrifugal auf die Atemabgabe zur Sprachgestaltung, zentripetal auf die Resonanzverstärkung des Sprachklanges. Während die aufsteigende Kraft durch die Drehbewegung in der Maske den Stimmimpuls mit der nötigen Energie versorgt, benötigt die Klangentfaltung die absteigende Kraft, um die entstandene Vibration der Stimmbänder zu stärken und ihre Energie in die verschiedenen Resonanzräume gelangen zu lassen. Dabei ist stets zu beachten, daß der Gedanke niemals den Punkt „Vokalkern" verlassen, oder ihn „dick" machen darf. Der Vokalpunkt darf nie mit in die Resonanzräume ausgeweitet werden! Die Weithaltung und das Füllen der Resonanzräume darf nur beobachtend aus dem Stirnpunkt dirigiert werden.

Das geschieht durch eine nur geringfügige Änderung im kleinen Raum um den Stirnpunkt, der Maske. Wenn man vom –i– ausgehend –i–e–a– oder –i–u–o– denkt, so ist eine minimal weitergreifende Drehbewegung um den Punkt zu denken, wobei sich der Unterkiefer nur um Millimeter im Scharnier dreht. Dabei muß er sich ganz leicht und spielend aus dem Gelenk heben. Wie weit sich der Mund öffnet, kann im Spiegel kontrolliert werden. Nie soll er aufgerissen werden oder zu breit sein; auch nicht, wenn er sich zum –a– hin automatisch mehr öffnet.

Bei diesen Übungen um den Punkt müssen wir erfahren lernen, daß der Vokalpunkt nicht g e m a c h t oder forciert werden darf. Er „wird" durch das Denken der Drehbewegung!

Also:

Der g a n z e V o k a l , d. h. Vokalpunkt und Klanglenkung werden nur g e d a c h t , die Arbeit damit wird nur von der Vorstellung her dirigiert und beobachtet. Vokalpunkt und Konzentrationspunkt fallen zusammen.

Vokalübungen

Von der Vorstellung her nehmen wir einen Vokal in unseren B l i c k . Wir „sehen" seinen Punkt und umspielen diesen so lange, wie wir den Vokal halten wollen, mit der Drehbewegung. Dadurch wird die Zentrifugalkraft aktiviert. Der Atemverschluß erleichtert der Zentripetalkraft, dem Klang die Resonanzräume freizugeben.

Wir halten unseren Körper so weit und locker wie möglich. Der Punkt entsteht durch die gedachte Drehbewegung, und der Vokalklang füllt sich von selbst. Wir müssen jedoch abwarten bis der Gedanke den Punkt umgriffen hat, sonst bleibt der Ton im Halse stecken. Wir müssen also dem Vokal eine gewisse Anlaufzeit lassen.

Die folgenden Übungen betrachte und beurteile man nicht nach ihrem Sinngehalt, sondern als Mittel, die Sprechwerkzeuge in den Griff zu bekommen
und die nötigen Resonanzwirkungen zu erzielen. Dazu ist die Wiederholung
des jeweils gewollten Lautes unerläßlich. Ja, die Konzentration kann sich
um so intensiver mit ihm beschäftigen, je weniger die Phantasie vom Sinn
beansprucht wird. Man übe nur mit halblauter Stimme, um die Klangwirkung
im kleinen Raum zwischen Augenbrauen und Oberlippe empfinden zu lernen.
Die Ausschwingung in die Vokalräume wird zuerst nur beobachtet. Langsam
kann man dann einen stärkeren Stimmimpuls in der Drehbewegung geben.
Auch spiele man jeden Vokal erst mit der entsprechenden mn-Übung ein;
der Vokalpunkt ist nicht größer als der i-Punkt!

> *Das –i–   (–miniminimin–)*
> *Dir ist blinde Liebe nichtig.*
>
> *Das –e–   (–menemenemenemen–)*
> *Mensch der Erde, lebendes Wesen, erkenne dich selbst!*
>
> *Das –ä–: Verfänglich für Mädchen sind nächtliche Ständchen.*
> *Das –a–: Klara brach ganz nah am Abhang Arnika.*
> *Das –ü–: Über die Lüfte grüßen die Düfte blühender Büsche.*
> *Das –u–: Unter dunklen Ulmen wuchsen dir duftende Blumen.*
> *Das –ö–: Höre die Töne österlich fröhlicher Chöre.*
> *Das –o–: Sieh! Hoch dort oben knospen schon rote Sommerrosen!*

Diphtong-Führung

Bei den *Diphtongen* ist stets nur der Punkt des *ersten* Vokals zu greifen.
Der zweite Vokal klingt von selbst, wenn wir die dafür nötige Energie der
Führung im Stirnpunkt überlassen. Das üben wir durch eine vorübergehende
Akzentverschiebung, indem wir zuerst den zweiten Vokal betonen. Auch bei
diesen Übungen darf der Raum der Maske niemals verlassen werden!
Wir üben bei –**ai**– und –**ei**– ein –a– mit nachfolgendem –e–: Man setze spür-
und hörbar nach dem ersten Vokal ab und nehme mit einer weiter ausholen-
den Drehbewegung neuen Ansatzimpuls für den zweiten. Es ist darauf zu
achten, daß das –e– nicht durch das –a– geschoben wird, sondern sich aus
der Drehbewegung heraus leicht über und vor das –a– schwingt.

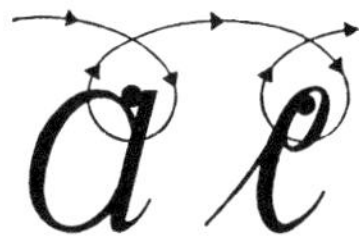

Da-een kla-eenes, wa-eeßes, la-eechtes A-eemerla-een.
Dein   kleines,   weißes,   leichtes   Eimerlein.

Dasselbe gilt für den Diphtong –**au**–, gesprochen –a– mit nachfolgendem –o–:

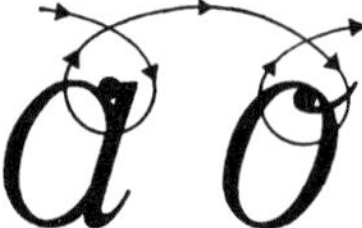

La–oof gra–ooe Ma–oos, la–oof a–oos dem Ha–oos!
Lauf'   graue   Maus,   lauf'   aus   dem Haus!

Genauso behandeln wir –**eu**– und –**äu**–, die als offenes –o– mit folgendem, geschlossenem –ö– gesprochen werden:

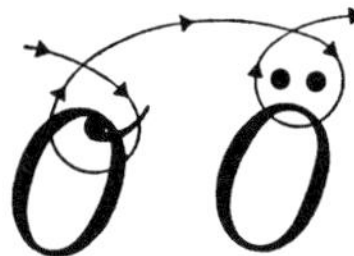

*Tro–**öö**me bedo–**öö**ten o–**öö**ch Lo–**öö**ten nur Scho–**öö**me.*
Träume   bedeuten   euch   Leuten   nur Schäume.

Diese vorübergehende Akzentverschiebung hilft uns, die vorderste Resonanz noch sicherer zu erreichen und die Führung darin selbstverständlicher zu gewinnen. Und zwar festigt

das –a-ee– das Gefühl für den Boden dieser Resonanz,
das –a-oo– das Gefühl für die obere Ausweitung,
das –o-öö– das Gefühl für den vordersten Sitz.

Alle drei Diphtonge zusammen üben wir etwa so:

*Aeene beraooschende Fro**öö**de gibt lo**öö**chtende Aoogen baee*
*Fro**öö**nden.*
Eine   berauschende   Freude   gibt leuchtende   Augen   bei
Freunden.

Ist die Akzentverschiebung bewußt geworden, übe man die kleinen Sätze in der richtigen Betonung (auf dem ersten Vokal). Durch das Denken des Diphtongs allein schwingt der Klang des zweiten Vokales von selbst in die durch die Übungen für ihn vorbereitete Resonanz.
Sollte einmal die Stimme in den Hals oder in die Sprechwerkzeuge abgerutscht sein, so sind diese Diphtongübungen die beste Hilfe, den Stimmsitz wieder in die vordere Resonanz zu heben.

Klingt dann in der flüssigen Rede der zweite Vokal von selbst, ist die Gefahr
überwunden.
Es wird also beim Sprechen der zweite Vokal gar nicht gesprochen. Er klingt
durch die gedachte Drehbewegung in seiner Resonanz, wenn man ihm genug
Zeit und Spielraum läßt.
Alle diese Übungen haben nur Erfolg bei häufiger Wiederholung.
Wir halten fest: Vokale werden gedacht, es wird nur der Vokalpunkt „umgriffen", der Vokalklang füllt sich von selbst durch die Weithaltung.
Manchen Sängern hilft auch die Vorstellung von Farben. Viele empfinden
−i− = weiß, −e− = gelb, −a− = rot (von dunkelrot bis − zur Höhe hin − ganz
hellrot), −o− = blau, −u− = dunkelviolett, −ü− = grün, −ö− = lila bis violett,
−ä− = orange.

VII. Konsonanten

Gesprochen wird mit den Konsonanten, Vokale klingen bei richtiger Einstellung von selbst. Konsonanten aber müssen exakt gearbeitet werden! Durch die Präzision ihrer Gestaltung wird dem Vokal die Energiezufuhr für seine Entfaltung erleichtert. Es muß bei der Gestaltung der Konsonanten alles vermieden werden, was die Schwingungen hindern könnte, die Resonanzen zu erreichen. Einige Konsonanten, die Verschlußlaute und die Klinger, stauen die Luft gegen den Kehlkopf hin, wenn man ihren Rückstoß nicht bis in den Brustraum freigibt. Daher muß alles getan werden, was den reibungslosen Wechsel der einzelnen Buchstaben fördert. Das erreichen wir wieder durch die konstantgedachte Anschlagsbewegung im Konzentrationsraum, verbunden mit der Weithaltung; denn auch die Konsonanten werden in den Resonanzräumen verstärkt.

Die Sprechwerkzeuge, Zunge, Lippen, Zähne, bilden die Konsonanten. Bei den verschiedenen Arten der Konsonanten: Klinger-, Reibe- und Verschlußlaute, ist wieder von entscheidender Bedeutung, daß die mannigfaltigen Bewegungen, die die Sprechwerkzeuge ausführen müssen, vom Direktionspunkt aus geleitet werden. Auch die Formung der Konsonanten wird in der Polhaltung vorbereitet. Sie werden vom Konzentrationspunkt aus angefordert, vom Kreuzpunkt her gestützt, und der Ablauf wird von den Brauen herab von den Sprechwerkzeugen „abgepflückt". Lippen und Zungenspitze müssen zu kräftigen Muskeln trainiert werden. Die Zähne bilden einen starken Widerstand. Die *Zungenwurzel* bleibt völlig unbelastet. Die Energie des Konsonanten, die durch die Muskelbewegungen der Sprechwerkzeuge frei wird, wird in die Drehbewegung der Sprachführung in der Maske hineingenommen. Wie beim Vokal fordert der Gedanke auf schmalstem Weg den Konsonanten in seinem kleinsten Punkt ab und führt ihn in die größtmöglichste Weite.

Man darf also nicht i n der Mundhöhle die Sprechwerkzeuge belasten, nicht i n ihnen arbeiten, sondern ihre Arbeit wird vom Konzentrationspunkt her beherrscht.

Wir holen uns jeden Konsonanten in die geistige Vorstellung und arbeiten ihn solange, bis er leicht und elastisch der gedanklichen Direktion gehorcht. Wir spielen unsere Sprechwerkzeuge ein mit –pitepitepit–, –fitefitefit–, –kitekitekit–, dann –kpt–, –ptk–, pkt–; –pb–, –td–, –kg–, kommen zu bewuß-

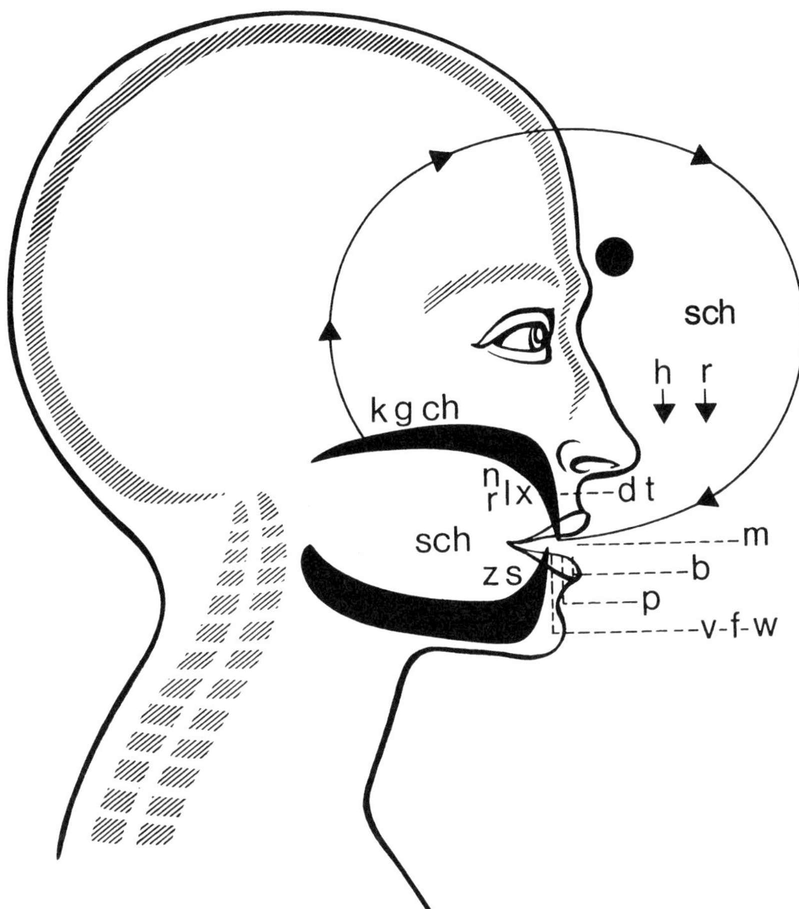

terem Greifen mit –dt–, –bp–, –gk–. Dabei fällt uns auf: –b–, –d– und –g– werden vom Muskel aus dem Verschluß, –p–, –t– und –k– vom Luftstrom gelöst. Dadurch klingen –p–, –t– und –k–, als folge ihnen ein –h–. (Man erinnere sich, daß noch zu Beginn unseres Jahrhunderts oft Wörter mit –th– geschrieben wurden, die man heute mit einfachem –t– schreibt.)

Im folgenden sind die Übungen nach den Kategorien: Verschlußlaute, Reibelaute, Klinger und zusammengesetzte Konsonanten geordnet. Selbstverständlich müssen sie nicht in dieser Reihenfolge geübt werden. Noch einmal sei betont, daß man jeden der Sätze mehrmals hintereinander wiederholen muß. Wir erfahren bei dieser Arbeit immer deutlicher, wie unterschiedlich die einzelnen Konsonanten in Anlauf- und Auslaufzeit sind. Diese Zeit muß man ihnen lassen, soll die Sprache deutlich, leicht und flüssig sein. Besonders gilt dies für die Anfangskonsonanten, die Endungen und für Konsonantenhäufungen. Bei den betreffenden Übungen wird noch einmal darauf hingewiesen.

Verschlußlaute

–b– und –p–: Die Oberlippe packt die Unterlippe an:

  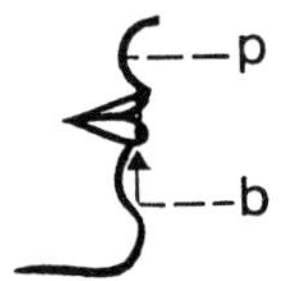

Bald blühen bunte Blumen beim Buchsbaum.
Polternd und plump prallt Paul ans Portal.
Bald prangen Blüten im Park des beliebten Pächters.

–d– und –t–: Die Zungenspitze „häkelt" über den oberen Zähnen:

Dachtest du daran, daß Dichter und Denker dulden und darben?
Tapsige Tritte tadelt der Trainer, du Tölpel!
Täuscht dich doch die Tat, du Tor!

–g– und –k–: Die Zunge drückt leicht gegen den Gaumen:

Geringe Gabe gern gegeben, gibt mehr Glück, als große Gabe mit grämlichem Gesicht geschenkt.

Kläglich klagend kommen Karlas Kinder, kuscheln sich kleinlaut an Käthes Kleider.

Gekonnt gab Kurt gute Gelegenheit, kleine und große Konsumgüter günstig zu kaufen.

Kapitain! Bitte die bauschigen Pakete des Postzugangs zu prüfen. Täglich kommen Tapioka-Pakete. Diese Ballen bekommen Prüfungsplaketten.

Reibelaute und Klinger

Mit dem –f– haben wir die Anfangsübungen begonnen, haben es als Hilfe bei den Atemübungen benützt, und können es nun noch zum beweglichen Spiel zwischen Zunge, Zähnen und Lippen gebrauchen. Als nähmen wir es nur mit einem Zahn, holen wir das –f– von der Unterlippe weg:

Fünf fichtene Fischfässer füllt Fischfängers Fritz voll Fische.

Ähnlich dem –f– ist das –v–. Es wird etwas leichter und weicher gesprochen:

Zweifelhafte Verpflichtungen verfolgen Verfasser von verfänglichen Versen.

Das –w– können wir auf zweierlei Weise bilden. Einmal durch bloßen Lippenverschluß, ähnlich dem –m–, zum andern durch ein stimmhaftes –f–. Im Deutschen würde ich dem stimmhaften –f– den Vorzug geben. Wir setzen die oberen Zähne auf die Unterlippe und lösen sie wieder schnell im Luftstrom zu –fitefitefitefit–.

Dann halten wir das –f– etwas länger und schlagen einen Summton dazu an. Es erklingt das –w–: –witewitewit–. Nimmt man dabei noch den Leistenzug zu Hilfe, bekommt das –w– große Plastizität und Kraft. Gerade dabei spüren wir die Länge der Anlaufzeit und zugleich auch, wieviel Energie für den nachfolgenden Vokal frei wird:

Wie wenig war Wohlwollen wert!

Der Reibelaut –s– kann stimmhaft oder stimmlos gesprochen werden. Die Zungenspitze liegt dabei an der inneren Seite der unteren Vorderzähne, der vordere Zungenrücken wölbt sich gegen den oberen Gaumen. Wir fordern das stimmlose –s– ganz präzise mit der Zungenspitze von den unteren Zähnen ab:

Des Westwinds Hasten löst das Gras.

Im Anlaut mit nachfolgendem Vokal wird –s– stimmhaft gesprochen. Wir denken eine schnelle Ausweitung in die Brustresonanz und schlagen mit der Drehbewegung einen Summton dazu an:

Sehr seltsamen Singsang summte Senta.

Vor Konsonanten und im Auslaut ist das –s– stimmlos zu sprechen; vor und zwischen Vokalen stimmhaft. Folgt ein stimmhaftes –s– auf ein stimmloses, verfahren wir in der gleichen Weise wie bei den –n–Folgen, d. h. wir schlagen in das stimmlose –s– durch eine neue Drehbewegung die Brustresonanz an:

Des Südwinds Säuseln wuchs sehr rasch in Sturmes Sausen und Brausen.

Das Doppel –**ss**–, das –**ß**–, das –**z**– (eigentlich ein rasch verbundenes –ts–) und auch das –**x**– (–ks–) bedürfen einer intensiveren Anforderung durch die Leiste:

„Naß und nässer wird's im Saal und auf den Stufen.
Welch entsetzliches Gewässer!" (Goethe)

Exaktes Wissen nützt Zöglingen großer Meister zu Xanten.

Lehren uns die Verschluß- und Reibelaute den exakten Griff der Sprechwerkzeuge an Lippen (–p–b–), Zungenspitze (–d–t–) und Zungenrücken (–g–k–), so sollen die Klinger helfen, die Weithaltung der Resonanzen bei weichem Ansatz der Konsonanten zu lernen. Durch –w– und stimmhaftes –s– lernten wir bereits die Brustresonanz anzufordern.

Mit leicht angeschlagenem Summton greifen wir mit der Oberlippe nun das –**m**– von der Unterlippe wiederholt weg, es erklingt ein –memememem–. Es liegt noch etwas weiter vor dem –p– und –b–. Spielt nun nach dem wiederholten –m– die Zungenspitze ein klingendes –n– dazu, erklingt ein –memenn–; als Übungsworte nehmen wir *Memmen, Mammon* etc.

Das Schluß –n– ist sehr bewußt zu nehmen und zu halten. Die vordere Resonanz muß spürbar bleiben! Ein –e– wird nicht gesprochen. So wie in dieser Übung sollen einmal alle Endungen auf –en– allein durch ihre Resonanz klingen. Man arbeitet auf diese Weise das ganze ABC auf –en–Endungen durch. Also nur klingend in die beiden letzten Konsonanten gehen: *ben = b–n, cen = c–n, den = d–n, fen = f–n usw.*

Hat man –m– und –n– so in sicheren Griff bekommen, übe man:

Manchmal möchten Männer Minne mimen. Merken's Mädchen, machen sie mißmutige Mienen.
Nun nehmen neun Nonnen noch Nüsse.

In dieser –n–Übung löst man den Verschluß der Zunge zwischen Auslaut und folgendem Anlaut –n– nicht, sondern gibt nur durch das Denken der Drehbewegung einen neuen Impuls für das nächste –n–:

Nun nehmen neun . . . usw.

Das –l– entsteht durch einen leichten Schlag der Zungenspitze von oben nach unten. Denken wir uns bei der Bildung des –l– direkt hinter der Zungenspitze ein Gelenk oder ein Nadelöhr, durch das wir den Energiefaden ziehen, können wir
1. das –l– besser in der vordersten Resonanz halten und
2. der Zungenspitze und der ganzen Sprache den Ablauf erleichtern. Auch beim –l– benutzen wir die Hilfe der Leiste, damit die Brustresonanz nicht durch falschen Druck auf die Zungenwurzel behindert wird.

 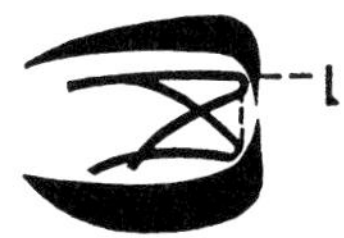

Lang lauscht Flora lautem Nachtigallenschlag.
Lilo liebt leises Flötenspiel.

Bei der –i–a–Übung erfuhren wir bereits, daß bei rascher Abfolge ein –ja–ja–ja– erklingt. Das –j– ist also ein Zwischenlaut von –i– zum nachfolgenden

Vokal. Es entsteht durch das Fallenlassen des Unterkiefers. Je mehr dabei vom –i–Punkt ausgegangen wird, um so leichter und freier klingt das –j–.
Junger Jäger jagt mit Jubeln und Jauchzen im Jänner jeden Jahres.

Ein schwieriger Laut ist das –r–. Man kann es auf verschiedene Weise sprechen. Am schönsten ist und bleibt das Zungen–r–. Nur darf es nicht zu sehr gerollt werden. Es soll ganz leicht, mit kaum spürbarem Vibrieren der Zungenspitze in die Sprache fließen. Am besten erarbeitet man es sich über die Übung –tada–, dann –tala–, solange, bis das –r– von selbst erklingt und es ein –tara– wird. Selbstverständlich wird in der gewöhnlichen Rede das Gaumen- und das Zäpfchen–r– seine Berechtigung behalten, und selbst die beste Sprache wird sich derer bedienen. Das –r– klingt ja schon allein dadurch, daß man es intensiv denkt! Obwohl es im Munde gebildet wird, kommt es erst im Fall von der Stirn herab zur Wirkung! Lassen wir ihm die nötige Anlaufzeit, fügt es sich ohne weiteres in den Sprachablauf. Also: Wir lassen dem –r– die Zeit, die es braucht, um von der Bildung durch die Sprechwerkzeuge im Mund im Schwung des Energiefadens von der Stirn herab zu fallen. Von hier aus können wir es auch stimmhaft sprechen.

Nur rasch, ihr Ruderer! Rettet die Renner!

Das –r– hinter Vokalen muß besonders achtsam nach vorne geführt werden, damit sich kein –a– einschleicht!

> *Dort vorm Herd rumort und bohrt Herbert Meerherz trotz Verbot.*
> *Hierher, Herbert! Hörst du schwer?*

Der natürlichste Konsonant, das –**h**–, wird oft als Kehllaut bezeichnet. Aber auch das –h– muß in die vorderste Resonanz genommen werden. Wir denken uns also das –h– nur in seinem obersten Punkt, wie mit der Pinzette von der Braue herunter gegriffen, gezupft, nicht aspiriert.

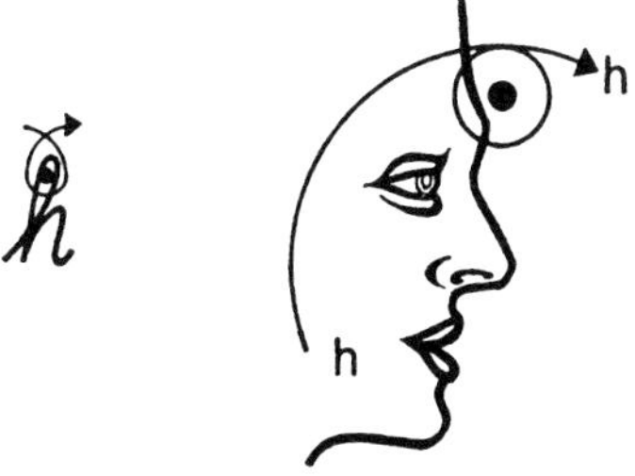

Hinterm Hang huschen Hannas Hühner. Heinrich hetzt das hellste Huhn hurtig ins Hühnerhaus.

Besonders viel Zeit brauchen die *zusammengesetzten Buchstaben* sowie die Trennung bei Konsonantenhäufungen.

Das –**sch**–, der breiteste Laut, muß von der Muskelhaltung der breiten Zunge weg erst ganz vor in die gedankliche Führungsspitze gelenkt werden, ehe er von den Brauen her in den Faden des Sprechablaufes genommen werden kann.

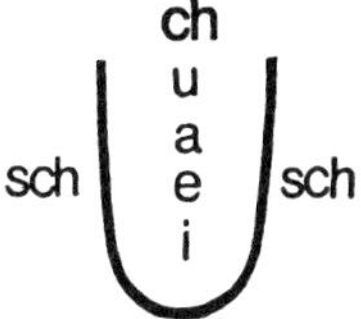

Schwache Schleusen schließen schlecht. Schon stürzt des Wassers Schwall.

Das –**ch**– ist in manchen Gegenden Deutschlands ein Stiefkind. Es wird besonders nach –e– und –i– oder nach Konsonanten oft wie –sch– gesprochen. Wir erarbeiten es uns durch die Folge der Wörter: *Schlucht – Schlacht – schlecht – schlicht,* wobei wir bewußt jeweils etwas weiter nach vorne auf die Zunge zum –ch– greifen müssen. Dabei spüren wir die Resonanzbasis der einzelnen Vokale am oberen Gaumen. Das –ch– liegt auf der Mittellinie des Zungenrückens, die Zungenspitze neigt sich nach unten. Nach –i– wird das –ch– direkt hinter dem „Öhr" (vgl. das –l–) des Zungengelenks gehalten. Deshalb eignet sich die Verbindung mit –l– besonders zur Übung des –ch–.

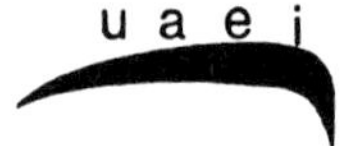

Sichtlich lichten sich die Sträucher.
Welch schlechter Wicht macht solch schlechte Streiche!

Das –g– in der *Auslautsilbe* **–ig–** wird meist wie –ich– gesprochen, wenn nicht ein weicher Konsonant folgt: *ewig = ewich, Ewigkeit = Ewichkeit.* Doch wird das –g– in *–ewiglich–* als –g– gesprochen, ebenso in *wonniglich* etc.

Das **–ng–** gehört zu den Klingern. Bei ihm kommt zur Brustresonanz die Kopfresonanz, die man mit der Hand am Kopf kontrollieren kann. Es ist eine Unsitte, das –ng– mit nachfolgendem –g-Laut zu sprechen. Das –ng– ist ein Laut für sich, den man deutlich in der Verbindung von –n–k– finden kann: trennen wir das Wort –wanken– in seine zwei Silben –wan-ken–, so haben wir einen reinen –ng-Laut vor der Trennung. Ebenso bei –sin-ken, –trun-ken–. Nun sprechen wir die Gegensätze: –wanken– –Wangen–; –sinken– –singen–; –trunken– –gedrungen–.

Bänglich versinkend in Hangen und Bangen.
Schwankend und wankend, Betrunkene sangen.

Das **–pf–** wird mit Oberlippe und oberen Zähnen von der Unterlippe energisch abgepflückt. Es darf unter keinen Umständen nur ein –f– klingen!

Pfiffig pfeifen pfälzische Pflüger beim pfleglichen Pflügen und Pflanzen.

–qu– wird wie –kw– gesprochen. Vom –k– am oberen Gaumen greifen wir blitzschnell das –w– mit den oberen Zähnen an der Unterlippe:

Erquickender wäre die Quelle, quakten nicht Quäker in Quarten und Quinten.

Es bleiben **–sp–** und **–st–**. Es ist unbedingt zu vermeiden, daß sie wie –sb– oder –sd– klingen! (Man kann auch –b– und –d– „hart" sprechen!) Das heißt, daß das –p– bzw. –t– mit einer Aspiration zum nachfolgenden Buchstaben hingeleitet werden muß. Diese Aspiration gibt erst den unterschiedlichen Ausdruck.

Spöttische Späher sprangen aus spitziger Spalte.

Bald springen Blütensprossen im Park.

Starke Stämme bestehen den Sturm.

Stundet dir doch die Stickerin ständig!

Endet jedoch ein Wort auf –b– oder –d–, so ist hier ebenfalls eine leichte Aspiration anzuwenden. Der Buchstabe wird wie ein leichtes –p–, bzw. –t– ausgesprochen: *–gelb–, –halb–, –falb–, –End'–, –behend–* etc., sonst gewinnt er nicht den Raum.

Bei Konsonantenhäufungen hilft das Denken der nächsten Anschlagsbewegung von der Stirne herab, zwischen den Silben: *selbst–verständ–lich, welch schlechter Wicht, Wassers Schwall, Ent–setzen* etc.

VIII. Die drei Register

Wenn wir uns nun den Registern zuwenden, müssen wir noch einmal in aller Deutlichkeit festhalten, daß der Ton nicht in den Registern, sondern immer vom Konzentrationsraum her angesetzt wird. Von hier aus wird der Klang kontrolliert und in den jeweils gewünschten Resonanzraum weitergeführt.

Wir teilen die Resonanzräume, die wir bei den Vokalübungen kennengelernt haben, in drei Register ein.

1. *Das Kopfregister:* Es umfaßt die Vokalräume des –i–, –ü– und –ö–. Die stützenden Konsonanten sind –d–, –t–, –g– und –k–.
2. *Das Schulterregister:* Es umfaßt den –e– und –ä–Raum. Die stützenden Konsonanten sind –f–, –ch–, –b– und –p–.
3. *Das Brustregister:* Es umfaßt den –o–, –u– und –a–Raum. Die stützenden Konsonanten sind alle Klinger.

Diese drei Register unterscheiden sich sowohl in ihrer Klangwirkung als auch in ihrem Stimmungsbereich.

1. Das Kopfregister dient mehr dem Denkprozeß, der Wachheit.
2. Das Schulterregister mehr der Empfindung, dem Selbstbewußtsein.
3. Das Brustregister mehr dem Gefühlsbereich, dem Triebhaften, dem Unterbewußtsein.

Versuchen wir, uns an folgender Übung darüber klar zu werden:

Kühles Denken stärkt den Geist.
Rechtem Empfinden verflechten sich echte Gebete.
Wahres Wollen weckt Jünglingen männlichen Mut.

Beim ersten Satz genügt die kleinste Klangresonanz im Konzentrationsraum. Im zweiten Satz führen uns –ch– und –pf– ganz von selbst zur größeren Weite des Schulterregisters. Erst recht führen uns die Klinger des dritten Satzes in die volle Brustresonanz.

Diese Resonanzwirkungen sollen einmal selbstverständlich werden. Die Register müssen wir mühelos ziehen können. Dazu ist es notwendig, daß wir uns die unteren Grenzen der einzelnen Bereiche klar machen. Die Gesangsmeister prägten dafür den Ausdruck „Schalen“. Damit soll deutlich werden, daß die Register wohl eine Begrenzung nach unten erspüren lassen, nach oben aber den Klang freigeben müssen. Von den Stimmbildnern wird

dafür gern das Bild des dreischaligen römischen Brunnens gebraucht.
Lassen wir uns sein Bild von Conrad Ferdinand Meyer geben:

Der römische Brunnen

„Aufsteigt der Strahl und fallend gießt
er voll der Marmorschale Rund,
die, sich verschleiernd, überfließt
in einer zweiten Schale Grund;
die zweite gibt, sie wird zu reich,
der dritten wallend ihre Flut
und jede nimmt und gibt zugleich
und strömt und ruht."

aus: Der ewige Brunnen, München 1955, S. 868

Römischer Brunnen   *Drei Register-Schalen*

Ich möchte darauf aufmerksam machen, daß sich die Schalen von oben her
füllen und die Kraft des Wassers auf einen festen Widerstand fällt. Genauso
ist es bei unseren Registerböden. Auch sie sind mit der Zeit real als Boden-
flächen zu spüren, auf denen man den Aufprall der Tonenergie akustisch zu
erspüren vermag.

Die oberste Schale ruht auf dem Knochengefüge von Oberkiefer, hartem Gaumen, Backen- und Schläfenknochen und dem inneren Boden der Hirnschale; die zweite auf den Schultern, dem Brustbein und dem Nacken; die dritte auf dem untersten Rippenpaar und auf dem Becken. Getragen und ausbalanciert werden sie alle von der Bauch- und Lendenmuskulatur, gehalten werden sie vom Gedanken, der in und mit der Luft spielt.

Der Gedanke ist es auch, der die Schalen als solche bereitet und sie für die Tonentfaltung als Schale weit hält. Die Intensität der Tonschwingungen wird dann auf den Schalen als Belastung erfahren. Diese Belastung darf aber nur von oben durch den Gedankenfaden gegeben werden. Jeder andere Druck würde zu Verkrampfung, zum „Fest-werden" führen.

Vor allem hüte man sich davor, das Zwerchfell als Resonanzboden zu benutzen! Seine Tätigkeit besteht im Ausbalancieren der Spannungen zwischen Atem und Empfinden. Man darf es erst als Unterstützung benutzen, wenn es sich „von selbst" dazu einschaltet.

Bei schmalgeführter Stimmgebung halten wir vom Gedanken aus das betreffende Register offen und bereit, damit die Klangenergie vom Vokalpunkt aus in die Schale einfallen und sich darin ausdehnen kann. Dann schlagen wir vom Stirnpunkt aus durch die Sprechwerkzeuge das jeweilige Register an, als sei der Gedanke nur ein Faden. Wie beim römischen Brunnen wird das oberste Register zuerst gefüllt, dann das mittlere und das untere. Das ergibt sich schon aus der Führungsrolle des Konzentrationsraumes. Natürlich müssen von Anfang an die beiden anderen Register schon „in Bereitschaft" gehalten sein. Ohne diese Folge in der Schalenanordnung könnte es geschehen, daß die Wortfolge in ihrem Energiefluß gehemmt oder abgeriegelt würde, und daß sich die Schallwellen überschlügen.

Beim Zurücknehmen der Stimme aus den Registern nimmt man unter Führung aus dem Direktionsraum die Klangintensität von unten nach oben wieder weg. Die Register werden von vorne her geöffnet und gefüllt und ebenso von vorne wieder entlastet und entleert. Doch darf dabei nie die Stütze im Kreuzpunkt verloren gehen! Im Gegenteil: Bei der Zurücknahme der Resonanz muß der Kreuzpunkt besonders präzise das Gleichgewicht der Tonintensität ausbalancieren! Dabei nehmen wir die Leistenmuskulatur zur Hilfe. Es wird klar, daß die leisen Töne die größte Achtsamkeit der Spannung brauchen, daß die Spannung erst nach dem „Schlußpunkt" losgelassen werden darf.

Man kann das am besten an einem leichtgesungenen –i– probieren. In normaler Tonhöhe singt man ein leises, kopfiges –i– in der obersten Resonanz, schlägt dann mit der Hand die Drehbewegung immer größer aus: zuerst vor dem Gesicht, dann bis zur Brust und endlich über den Leib, dann reduziert man die Drehbewegung wieder. Der Ton wird unwillkürlich durch die Handbewegung an Volumen zu- und abnehmen. Auch mit der Vokalfolge –i–e–a–e–i– gelingt die Übung. Zugleich lernt man, wie leicht sich der Kehlkopf dem Gedanken anpaßt. Denn beim Verstärken des Tones mit dem neuen Vokal weitet sich der Hals, um die stärkere Vibration für die Resonanzräume von –e– und –a– freizugeben. Beim Zurücknehmen des Tones muß man aufpassen, daß man schon vor dem –e–, bzw. –i– blitzschnell und präzise den „Schalenboden" für das –e– bzw. das –i– durch eine Drehbewegung anschließt; sonst verklemmt sich der Ton und bleibt im Halse stecken.

Geläufigkeit

Um die Sprechwerkzeuge geschmeidig zu machen, ist die Anfangsübung *jujajujajujajuja* (fünf- bis zehnmal wiederholt) am geeignetsten. Dann spielt man mit *minemine – manemanemane– munemune–* etc. die vordere Resonanz ein, greift auf *ptk –kpt– trfnd* etc. über. Erst wenn man des Zusammenspiels von Scharnier und Backenmuskeln sicher ist und die Oberlippe nebst Zunge selbstverständlich mitspielen, geht man an größere Sprechübungen. Sehr zu empfehlen sind folgende Geläufigkeitsübungen aus dem kleinen Hey. (Der kleine Hey, die Kunst des Sprechens. Neubearb. von Fritz Reusch, B. Schott's Söhne, Mainz.)

Für schmalen Ansatz auf dem „Faden" die –f–Übung (S. 54):

Fischfrevler Franz fing frech
vor'm Flußfall fette Fünffingerfische.
Vier ficht'ne, feste Fischfässer
faßten vollauf den Fang.
Viele freilich flitzten flott davon.

Ein präzises Spiel zwischen Zunge und Lippen erfordert (S. 45):

Zwar lockt gefährlicher Liebe Irrlicht,
aber löblich überlistet der lautere Tor
frevler Liebe Verleitung.
Leider läßt aber Lacher Lust
lieber Lob zierlich verlauten
für Klingsor, der lästerlich
begehrlicher Liebe Verlockung erlegen.

Zum Durchhalten der Kopfresonanz eine –n–Übung (S. 42):

Nun nahen neue Wonnen,
nun glänzt und grünt manch Land;
schneerein nun rinnen Bronnen
von nacktem Felsenrand.
Genzianen blüh'n daneben,
von oben Sang schon klingt,
denn rings ein ahnend Leben
Lenznahn nun drängend bringt!

Bei folgender Vokalübung aus früheren Auflagen des kleinen Hey soll nur auf das horizontale Muskelspiel von Backen und Oberlippe geachtet werden (Vorübung –iuiuiu– geflüstert):

Dürft ich nicht flüchtig dies üppige Mündchen
züchtig ihr küssen. Wie süß mich's entzündet!
Südliche Blüten, die trüg' ich wie üblich
schüchtern im Frühling ihr glühend zu Füßen.
Wüßt ich, wie stündlich dies schüfe ihr Glück,
würd ich's mit bündigen Schwüren ihr künden. (S. 33)

Bei der nächsten Übung achte man auf die vertikale Geschwindigkeit von der Braue zur Oberlippe. Lockeres Fallenlassen des Unterkiefers aus dem Scharnier! (Als Vorübung flüstere man –iuoa–):

Trostarm kommt am Sonntag Dora;
klopft dann froh, da Wolfgang fort war.
Doch was log – bald schroff, bald wortkarg –
Flora sorgsam, doch gar boshaft?
„Wolfgang floh zwar, doch war todkrank"! (S. 31)

Zur Stärkung des Stimmklanges empfehle ich die –e–Übung (S. 27):

Schneebedeckte, feste Erde –
lenzgeweckte erste Herde!
Ceres! Segenspendende –
Ew'ge, Verderbenwendende!
Sende den West dem Meere entgegen,
spende der Erde schwellenden Segen,
lechzender Herde den quellenden Regen!

Die Klangpotenz des –e– muß aus der Intensität des Anschlagimpulses von oben kommen. Vorausgehende Konsonanten erleichtern das. Bei Vokalanlaut ist daher der Klang abzuwarten. Man übe: –schni–, –schna–, –schne–; –ich–, –ach–, –erde–, um sich dessen bewußt zu werden. Je mehr man die Potenz des –e– von außen gegen die oberen Zähne stützt, desto mehr erhält der Vokal sicheren Sitz. Man erfährt, wie durch das Denken des –e– der Vokal zu Klang wird, im Maße der Knochenvibration.

Aus diesem bewußt geführten Anschlag gegen den Knochenwiderstand von Zähnen und Oberkiefer können wir für alle Vokale – analog ihrer Führung in der Maske – eine Klangwirkung auf dem Oberkiefer als Boden der obersten Resonanzschale ertasten und abhören lernen. Der Anschlagsimpuls, der vom Stirnpunkt ausgeht, löst an den oberen Zähnen und der vordersten Wölbung des harten Gaumes eine Klangwirkung aus, die abgenommen und weitergeführt werden kann.

Wir kommen – ausgehend von dem Vokal, der uns diese Empfindung am deutlichsten vermittelt (meistens wird es das –e– sein) – auf einen, nun wesentlich kleineren Sprachführungsraum in der Maske, in dem die Vokale in der gleichen Reihenfolge angeordnet sind und nun zu präzisem Klang gebracht werden können. Dieser kleine Anschlagsraum liegt also an der Basis des Führungsraumes. Sein Zentralpunkt ist an der Übergangsstelle vom Nasensteg zur Grube der Oberlippe zu suchen. Die Arbeit in diesem kleinen Sprachraum beginne man aber erst, wenn der Führungsraum zwischen den Schläfen sicher und weit gehalten werden kann. Es besteht sonst die Gefahr, daß die Stimme fest wird. Je präziser und wendiger aber die Sprechwerkzeuge unter der Führung vom Stirnpunkt her arbeiten, je geschmeidiger sich die Muskelpartien der Backen bei der Vokalisierung einfügen, um so sicherer hängt mit der Zeit die gesamte Sprache an den Muskeln um die Nasenflügel (Backen und Oberlippe) und damit im vordersten Raum der Maske. Hat man diesen Stimmsitz einmal erfahren, ist man erstaunt, welch ein neuer Klang sich einstellt. Das zunächst Befremdende dabei ist, daß er dem eigenen Ohr nackt und kalt erscheint. Und doch ist gerade dieser Klang „natürlich", voll, rund und weich! Außerdem merkt man schnell, um wieviel leichter die Sprechwerkzeuge gehorchen und spielen, und daß der Atem sich um vieles selbstverständlicher beherrschen läßt. Aber man darf nicht vergessen, daß dieser Tonsitz nur für eine bestimmte Tonstärke und einen begrenzten Tonumfang gilt! Eine Technik, die nur auf diesen Raum hinzielt, reicht nicht aus, um die Möglichkeiten der Stimme zur Entfaltung zu bringen.

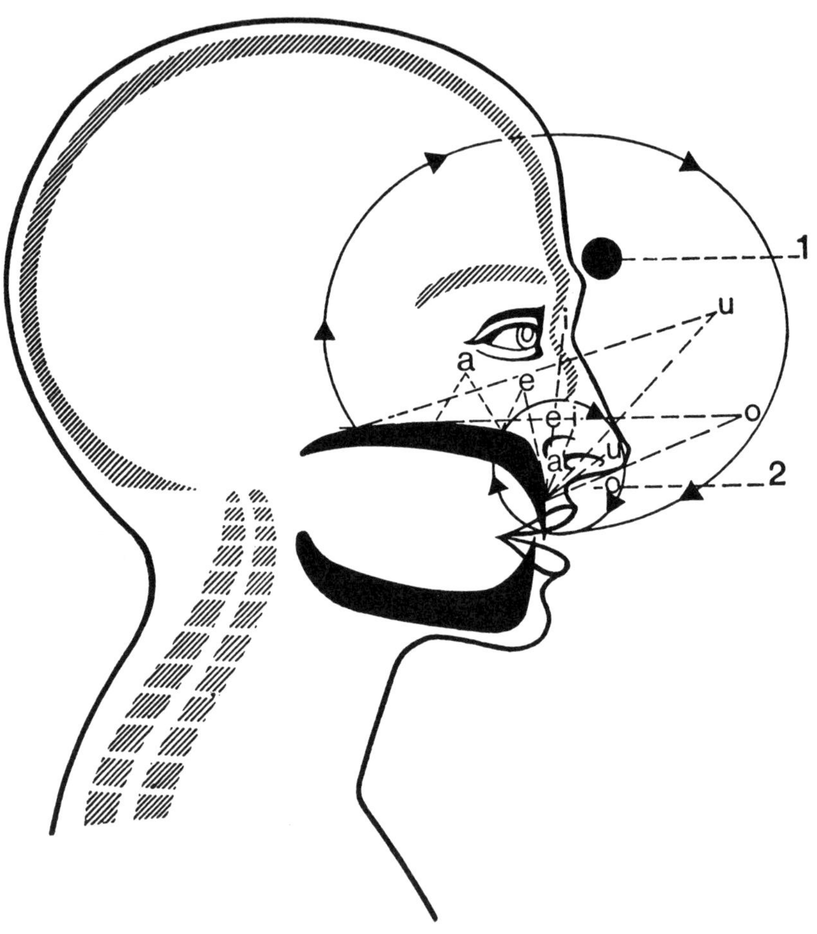

1 = *Stirnpunkt*
2 = *Tonabnahme*

IX. Der Tonumfang

Haben wir bis jetzt in einer natürlichen, wie von selbst kommenden Tonhöhe gesprochen, so müssen wir nun den ganzen Tonumfang unserer Stimme beherrschen lernen, damit die Stimme ihre volle Ausdruckskraft erlangt. Die von den Stimmbändern erzeugte Luftvibration findet als Ton ihren ersten Widerstand am oberen Gaumen. Summt man auf dem Vokal –i– die Tonleiter aufwärts, so gelangt man bald an eine „Barriere", die man nur mit „Nachdruck" überwinden zu können glaubt. Das kommt daher, weil man die vordere Resonanzwirkung als Richtung für die Tonführung beibehalten will. Das ist schon richtig, aber nur zum Teil. Der Anschlagspunkt für die jeweils höhere Tonfrequenz vom Kehlkopf her, liegt nicht für alle Töne an der gleichen Stelle. Je höher die Schwingungen, um so steiler ihr Weg. Es liegen die Anschlagspunkte dem harten Gaumen entlang von vorne nach rückwärts. Bei einer bestimmten Tonhöhe endet der Gaumen als Widerstand. Dadurch entsteht das Gefühl einer Barriere. Hält man dem –i– jedoch die Resonanzweite des –ü– bereit und erlaubt dem –i– sich nach –ü– hin zu färben, merkt

man, daß diese Barriere überwunden wird. Die höhere Tonschwingung sucht und findet nun den vorderen Boden der Hirnschale als Anschlagswiderstand. Es ist sehr wichtig, daß dieser Übergang bewußt wird, und daß der höhere Ton mit einer höher greifenden Drehbewegung an seinem neuen Resonanzort abgenommen wird! Der Weg zur Höhe wird nun am Boden der Hirnschale entlang leicht und frei. Es ergibt sich jedoch im weiteren Tonverlauf nochmals eine weitere Barriere. Diese zweite Hemmung läßt sich durch den Knochenwulst im Boden der Hirnschale erklären, der das Kleinhirn vom Großhirn abhebt. Nahm der Gedanke bis dahin die Töne gewissermaßen aus der vorderen Wölbung der Hirnschale ab, muß er sie nun (in den hohen Tonlagen) mit sehr hoher Drehbewegung aus der rückwärtigen Schädelwölbung greifen. Es ist also zweimal ein „Sprung" im Verlauf der Tonskala zur Höhe hin zu wagen, damit die Töne ihren besten Sitz und Resonanzklang bekommen. Bei Alt- und bei Baßstimmen liegen diese Resonanzwechsel früher als bei Sopran und Tenor.

An diesen Stufenunterscheidungen läßt sich im Zweifelsfalle die Stimmgattung erkennen. Hier begegnet uns wieder das Phänomen, daß die Entfaltung der Töne unseren rückwärtigen Körperraum beansprucht. Und gerade die Übergangstöne bedürfen der Öffnung nach hinten, denn die hohen Töne haben ihren Vibrationssitz am Schädelboden, ihre Resonanz an der Schädeldecke. Die Tonführung greift dabei über und hinter den Kopf. Da aber auch in der Höhe der Ton und der Vokalklang vom Stirnpunkt aus im Blick zu halten und von der Drehbewegung weiterzuführen sind, wird hier die Tonführung zu einer besonders mutigen „hohen Häkelbewegung", die von der Leiste ausbalanciert wird (s. Zeichnung).

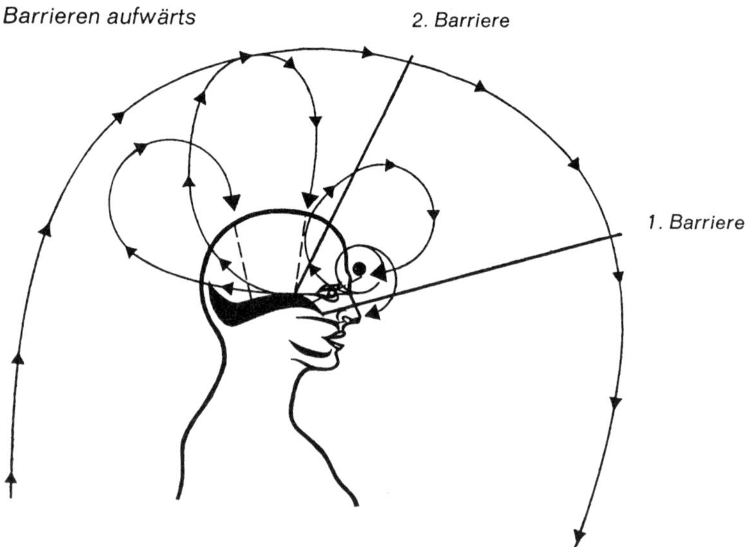

Auch hier heißt es auf Vorstellung hin zu arbeiten! Die Resonanzreaktion wird zuerst unterschiedlich sein. Vor allem stellt sich die Empfindung für diese Vorgänge erst im Laufe der Übung nach und nach ein.

72

Wir beginnen mit einer kleinen Tonstudie: In großer Gelöstheit summt man halblaut in normaler Lage (Kinder lieber etwas höher als zu tief)

bis man spürt, wie das –i– in die Kopfresonanz springt.

Nun geht man mit folgender Übung im Halbtonschritt aufwärts und läßt das –i– immer mehr nach –ü– hin färben. Der Quartensprung muß immer couragierter in einem Bogenwurf über den Kopf hinweg gewagt werden, als werfe man den Ton auf ein Tablett. Verklemmt sich die Stimme, geht man wieder etwas tiefer oder aber – unter Auslassung der Übergangstöne – noch höher und übt auf –i–a–a–a– oder –i–a–ö–a–, wie die Stimme am leichtesten die Weite findet. Oft lassen sich die Übergänge von oben abwärts besser nehmen.

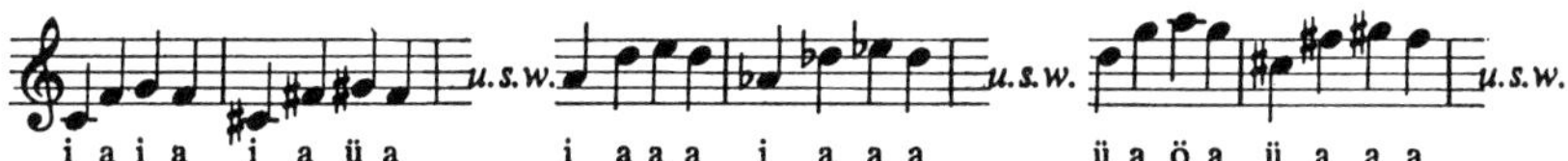

Für die Verbindung mit Konsonanten brauchen wir die „springende Zunge", damit die Tonschwingung nicht irritiert wird. Dafür ist folgende Übung geeignet: Das Scharnier wird leicht ausgehängt, der Mund muß geöffnet bleiben, während die Zunge rasch und locker arbeitet. „heine – deine – leine – (reine – teine – keine – geine –)" auf einem Ton und dann im Halbtonschritt aufwärts, immer auf feinstem Faden geführt. Dabei bleibt zu beachten, daß der Kehlkopf frei und locker gehalten sein will. Mit einer kleinen Neigung schräg nach vorne wird er immer weiter nach unten gelegt, je höher die Tonlage wird. Auch die Zungenwurzel legt sich ganz locker tief. Schläfen und Backenknochen sind ganz breit zu halten, die Zunge schlägt darunter, unabhängig vom Ton, die Konsonanten.

Probiert man vorstehende Quartenübung auf die kleine Silbe –blang–, so ist schon sehr früh, vor der Barriere, die Schläfe auszuspannen. Der Anschlagsbogen ist sehr hoch zu nehmen. Das Scharnier wird ausgehängt und nach vorne gelegt. Das –ng– darf nur ganz kurz angedeutet werden. Das –bl– darf nicht in der Tonhöhe gesprochen werden! Der Ton folgt erst anschließend! Gehalten wird der Ton, indem man sich von seinem Kern her spinnwebfeine Fäden auf den Resonanzboden denkt und ihn so verstrebt. Von den tiefen Tönen her bis ungefähr –g'– sind oberer Gaumen und Backenknochen solche Verstrebungs- und Abstützpunkt. Ab –a'– greift man dabei zu Stirne und Schläfen. Zirka ab −f″− verstrebt man auf schmalstem Weg über dem Scheitel immer weiter am Boden der Hirnschale entlang nach rückwärts, wobei sich der Vokalklang für das eigene Ohr ändert. Er kann dann gläsern, u. U. auch blechern klingen. Vor allem aber wird er immer kleiner, dünner und entfernter für das eigene Empfinden und Ohr. Man lasse sich dadurch nicht täuschen oder beirren. Der Ton ist frei und gut!

Gehen wir die Tonskale zurück, müssen wir den Ton n a c h der Höhe „höher" denken und ihn ü b e r den obersten Ton hinweg nach vorne führen, sonst verliert er seine Oberschwingungen. Und so wird jeder Ton abwärts über den vorhergehenden höheren Ton geführt (s. Zeichnung).

Barrieren abwärts und Tonverstrebung

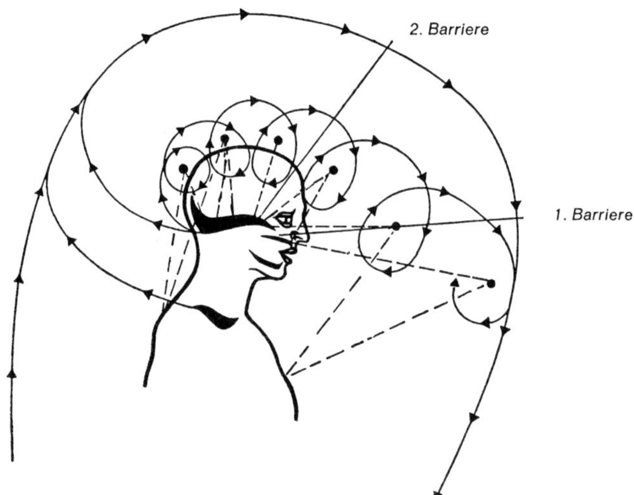

Aus der rückwärtigen Resonanz greifen wir sehr hoch über den Scheitel zur Stirne und Schläfe, greifen dann in Augenhöhe immer weiter nach vorne über die erste Barriere, wobei wir ab −h'− jeweils einen neuen Boden, ein „Tablett", gegen die Backenknochen einschieben, das als Führungswiderstand die Tonpotenz trägt. Darunter verstreben wir die Tonenergie von außen auf dem harten Gaumen, den Schultern und dem Brustbein. Den Tonkern halten wir unbedingt in Blickhöhe und über der Oberlippe. Nur die Verstrebung greifen wir mit fortschreitender Tiefe immer weiter von vorne, bis ca. 20 − 30 cm vor dem Gesicht. Von Kreuzpunkt und Leiste her balancieren wir die Energieverlagerung aus. D. h. wir stützen die Tonenergie zuletzt auf den Lendenwirbel ab.

Also: Die H ö h e wird nach rückwärts geführt.
Die T i e f e wird vor das Gesicht geführt.

Vorzüglich als Tonumfang-Übung eignet sich die Sprechübung „Nun nahen
neue Wonnen". Zu diesem Zweck geht man mit der Stimme vom Normalton
aus mit jeder Zeile ½ Ton aufwärts bis zur oberen Stimmgrenze und dann
wieder halbtonschrittweise abwärts bis zur unteren Stimmgrenze.
Je gründlicher sich die normale – ungefähr eine Oktave umspannende –
Sprechstimme in die polare Haltung eingeübt hat, um so leichter und selbstverständlicher gewinnt sie ihren vollen Umfang in den Stufenübungen – bis
zu drei Oktaven.
Damit sind wir nun beim Übergang vom Sprechen zum Singen. Man kann
diese Übungen teils in einem knappen Sprechton, teils in einem leichten
Gesangston machen. Man unterscheide jedoch die beiden Gattungen und
halte sie auseinander. Es ist in dieser Stimmführung vom Sprechen zum
Singen nur ein Schritt. Und jeder Mensch, der sprechen kann, kann auch
singen lernen! Im Gesangston hält man die vom Sprechimpuls nur rasch an-
geschlagene Vibration der Stimmbänder konstant. Dazu muß ·die Atemführung noch bewußter, die Ausweitung der Resonanzräume noch stabiler
sein. Besonders ist beim Singen die Abstützung auf den Kreuzpunkt und auf
die Registerböden intensiver auszuhalten. Stimmsitz und Stimmführung aber
sind im Prinzip dasselbe.

X. Raumgewinnung

Das Ziel allen Bemühens um die Stimme ist, daß sie in den Raum dringt, den Raum füllt und den Hörer gut erreicht. Wahrscheinlich denkt jeder dabei an den Raum **vor** ihm, in dem er steht als Sprecher oder Sänger, und versucht nun, seine Stimme da hinein zu schicken. Es ist natürlich wichtig, daß die Stimme in diesem Raum vor ihm und um ihn schwingt und lebt. Der geschickte Sänger, Redner oder Lehrer wird sich auch auf jeden Raum einstellen und sich ein gewisses Raumgefühl erarbeiten können. Aber es gibt auch Redner und Sänger, die selbst bei schlechter Akustik den Raum zum Klingen bringen, ihre Zuhörer zu fesseln verstehen. Es ist viel zu einfach, da nur von besonderer Begabung zu sprechen. Natürlich mag eine Begabung dazukommen. Aber beobachtet man einmal solch einen Interpreten genauer, so fällt dem geschulten Auge sofort auf, daß er zunächst einmal anders im Raume steht. Er nimmt den Raum und die Anwesenden anders in den Blick, schickt seine Stimme anders in den Raum und zu den Menschen. Auch er teilt nur etwas mit, gewiß, aber er reizt zum Mit-Tun! Er beherrscht tatsächlich die Hörer, weckt sie und „nimmt sie ein". Und es entsteht in Korrespondenz mit dem Raum und seinen Zuhörern so etwas wie Kommunikation. Die großen Meister sprechen dann davon, daß es gelang, den großen Bogen so durch den Raum zu schlagen, daß sich die Brust des Interpreten in den Raum ausweitet und mit ihm korrespondiert, in lebendige, polare Spannung geht. Er steht dem Raum nicht so gegenüber, als müßte er etwas von sich weg und in ihn hineingeben, sondern er bezieht den Raum mit seinen Hörern in sich ein. Er wird selbst der Raum, indem sein Bogenschlag aus dem Kreuzpunkt über seinen Kopf hinweg durch den Raum und wieder zu ihm zurückgeht. Der Sprecher oder Sänger hat so die Resonanzwirkung jeden Raumes einbezogen in die eigene Person. Durch diese Ausweitung geht er in Korrespondenz mit den Kräften seiner Zuhörer. Durch das Verharren in ihr, durch das Weithalten dieser „Leere" kann sich der Klang mit allen **vorhandenen Kräften** – auch jenen der Zuhörer – füllen und zu einer faszinierenden Wirkung kommen. Die Gestaltung wird also nur angeregt, ihre Vollendung wird freigegeben. Das Resultat wird um so besser, je exakter die Voraussetzung dafür von der Vorstellung bereitet wurde, und wird um so selbstverständlicher, je gelassener man dabei bleibt.

Damit rühren wir wieder an das Geheimnis der ostischen Lehre, nun aber erweitert um die wesentliche Erkenntnis der bewußten polaren Korrespondenz. Unter dem Bogen der polaren Ausspannung vollzieht sich die Gestaltwerdung all dessen, was zur Gestaltung drängt. Die Meisterschaft erweist sich darin, inwieweit der Inspirator polares Geschehen ermöglichen, den Bogen spannen, die zentrifugalen und zentripetalen Kräfte aushalten kann und zugleich das Werk freizugeben vermag.

Darum wirken oft Interpreten staksig und hölzern, der Klang überlaut und hart, weil sie ein „fertiges" Werk liefern wollen, das dem Hörer gleichsam aufgezwungen wird. Gestaltung ist aber immer auch Wagnis auf das Werdende hin. Man beobachte einmal die Stabführung Herbert von Karajans. Sein Dirigieren ist ein kontinuierliches „Bogenschlagen". Er gibt nicht nur den Rhythmus, er faßt zusammen und gibt zugleich frei. Man spürt, wie „gegenwärtig" ihm das ganze Kunstwerk ist, und wie er trotzdem voll Erwartung auf die werdende Wiedergabe horcht. Die gleiche Haltung von „runder Führung und erwartungsvollem Horchen" können wir bei allen großen Künstlern, seien es Vokal- oder Instrumentalisten, beobachten.

XI. Interpretation

„Ich bitte Euch: Haltet die Rede, wie ich sie Euch vorsagte,
leicht von der Zunge weg."
Hamlet, II. Akt, 2. Sc.

Ausgehend von der Grundhaltung: elastisch, fester Stand oder Sitz, Ruhe im breiten Rücken, lockere Schulter, Einstellung auf Schwere im Kreuzpunkt und wache, lebendige Konzentration im Stirnpunkt, atmen wir uns zuerst in den Raum vor uns ein. – Dann umgreifen wir während eines weiteren Atemzuges mit dem Blick die Dimension des Raumes, in dem wir stehen oder sitzen, und die Personen, zu denen wir sprechen wollen, und stellen dabei den „Bogen" auf. Mit dem dritten Atemzug – in die Weite des Rückens – gewinnen wir dann die Energie zur Sprachgestaltung.

Die Vorstellungskraft verteilt nun unsere Aufmerksamkeit sowohl auf das „Was" wie auf das „Wie" dessen, was wir sagen wollen. Das „Was" halten wir durch die Konzentration darauf sowohl im Gedächtnis als auch im Kreuzpunkt fest. Hier – im Kreuzpunkt – erhält das zu Sagende das „Gewicht" unserer persönlichen Einstellung. Das „Wie" kontrollieren wir vom Stirnpunkt aus in seinem Ablauf. Der Blick nun schickt unsere Mitteilungsabsicht am Bogen entlang über die Köpfe der Zuhörer, um deren Aufmerksamkeit zu uns zurück und mit in unseren Bogen zu bringen, sie in unsere Aktivität mit einzubeziehen.

Sehr zu empfehlen ist es, den entferntesten Punkt – Wand, Sitz oder Person etc. – in den Blick zu fassen. Es ist eine Erfahrungstatsache, daß die Stimme dann auch bis dorthin trägt.

Was dann unsere Stimme schafft, gestaltet sich aus der Energie unserer Aussage und aus den Aufnahme- und Bildekräften der Hörer. Dieses Werdende lernt man mit der Zeit zu erspüren und abzuhören. Lassen wir zuviel Persönliches in unsere Aussage einströmen, wird sie schnell überladen. Man kann sich selbst zwar dabei genießen, aber der Zuhörer wird erdrückt. Geben wir zu wenig Anteil, so verliert das Gesprochene an Aussagekraft. Die Einsicht, die wir selbst in eine Sache haben, läßt sich dem Angesprochenen nicht in gleichem Maße übermitteln. Seine Aufnahmefähigkeit richtet sich nach dem Maß seiner Erkenntnis und Erfahrung. Dieses Maß kann größer oder kleiner als das unsrige sein; immer aber wird es „anders" sein. Diese Freiheit müssen wir respektieren.

Die Freiheit, die wir geben, gibt uns wiederum die größere Gelassenheit zur Sprachgestaltung. Und unsere Gelassenheit wirkt sich wieder wohltuend auf den Zuhörer aus.

Bei der Interpretation – sei es freie Rede oder festgelegter Text, Prosa oder Vers – muß uns vor allem klar sein, daß ja jedes Wort seinen Sinngehalt schon in sich hat, das heißt, wir schaffen ihn nicht erst. Wir gebrauchen das fertige Wort, um mit seinem Gehalt ein neues, lebendiges Bild aus den bekannten Begriffen erstehen zu lassen. Für den Hörer wirkt der Beginn der Rede als Anruf zur Aufmerksamkeit. Mit Hilfe seiner Erinnerung formt sich in ihm aus den Worten, die sein Ohr treffen, die seiner Art gemäße Reaktion. Daher ist es notwendig, daß wir *Pausen* machen, um ihm Zeit zu lassen,

1. sich an den Klang unserer Stimme zu gewöhnen, sich darauf einzustellen, und

2. die Worte, die wir sagen, auch alle aufnehmen zu können, sie zu dem Bilde, das uns vorschwebt, zu dem Gedankengang, den wir verfolgen, zusammenzufügen.

Sehr häufig steht erst am Satzende die Satzaussage. Nun ist es eine deutsche Unart, gerade das Satzende fallen zu lassen. Wenn unsere Gedanken den Satz geformt haben, hört unsere Sprachenergie meist auf, d. h. sie reicht nur bis zum vorletzten oder gar drittletzten Wort. Denn der Gedanke, der den Satz formte, ist ja mit der Gestaltung schon früher fertig als die Sprechwerkzeuge mit der Formung der Buchstaben. Ohne den Gedanken aber werden diese nicht mehr präzise genug geformt und haben keine Tragfähigkeit. Hinzu kommt noch die Zeit, die der Hörer braucht, um aus den Buchstaben wieder Wort und Bild zu gewinnen. Dieser Ablauf benötigt unsere Energiezufuhr bis über das Satzende hinaus. Wir müssen die Spannung durchhalten, das Satzende „hochhalten", über die Interpunktion hinaus, soll der Hörer das Gesagte gut verstehen und möglichst leicht erfassen können. Unser Durchhalten mit dem Gedanken erleichtert ihm die Einschaltung auf unsere Aussage. Kommt zur richtigen Artikulation noch eine sympathische, natürliche Ausdrucksweise, wird das Zuhören zum Vergnügen. Und aufmerksame Zuhörer, die „mitgehen", sind wiederum das kostbarste Geschenk für den Interpreten. Er wird von der Aufmerksamkeit getragen und inspiriert.

Zur natürlichen Ausdrucksweise gehört ein gewisses Maß an Absichtslosigkeit, die dem, was gesagt werden soll, Raum zur Auswirkung läßt, ohne das zu Sagende zu überlasten. Man kann sowohl mit Klang als auch mit Druck zuviel tun. Das eigene Gefühl, die Grundhaltung, die eigene Vorstellung dürfen nur die Untermalung dazu geben. Je mehr wir mit unserer „Person" im Hintergrund, in der Distanz bleiben, um so mehr Freiheit gewinnt unsere Aussage um zu wirken.

Immer und immer wieder müssen wir uns den Lehrsatz ins Gedächtnis rufen: „Vokale klingen von selbst". Der zweite Lehrsatz: „Konsonanten müssen gearbeitet werden", muß nun dahingehend erweitert werden: „Die Gestaltung der Rede geschieht mehr durch die Konsonanten als durch die Vokale." Ja, wir greifen praktisch nur „von Konsonant zu Konsonant". Die Klangwirkung der zur Aussage gehörenden Vokale wird durch die Freigabe der Zeit zwischen den Konsonanten gegeben, wo und wie es erforderlich ist. Grundsätzlich ist das Verweilen auf dem Konsonanten länger zu nehmen. Die Vokale werden immer nur kurz angeschlagen und nie lange ausgehalten. Auch bei Doppelvokal und Dehnungs–e– und –h– sowie beim Ruf läßt man den Vokal nur länger ausschwingen: *Saal – Meer – nie – Sohn – Ja – Nein! – Hallo! –* etc.

Greifen wir von Konsonant zu Konsonant, so müssen wir unsere Sprechwerkzeuge ganz in den Dienst unserer Gedankenführung stellen. Die Sprechwerkzeuge sollen ja das Bild unserer Vorstellung durch Buchstaben so plastisch machen, daß es dem Hörenden leicht fällt zu folgen. Dabei müssen wir uns bewußt sein, daß durch jeden Buchstaben eine bestimmte Potenz angeregt und freigesetzt wird und durch ihre Häufung eine bestimmte Stimmung erzielt werden kann. Es gibt sogar Buchstabenübungen zu Heilzwecken. Es ist hier nicht der Ort, näher darauf einzugehen, aber es ist gut zu wissen, daß auch das Sprechen Auswirkungen auf den eigenen Körper haben kann, die Vibration der Buchstaben also nicht nur der Verständigung dient. Es werden weit mehr Gestaltungskräfte angeregt, als man gemeinhin glaubt.

Wenn wir nun im folgenden die Kraft der Buchstaben zu erproben versuchen, so sei jedem eine gewisse „Neugierde" empfohlen, die ihn einesteils von dem falschen Sich-selbst-zuhören löst, andernteils ihm auch ermöglicht, selbst sich als Sprechenden in einer neuen Weise zu erfahren. Vor allen Dingen aber soll er erleben, wie das, was er sagt, zu einem Eigenleben frei wird, das ihn selbst zu überraschen, ja, sich sogar gegen ihn zu stellen vermag. Selbst bei bekanntestem Stoff kann man plötzlich neu beschenkt werden. Und die eigene Stimme – durch Jahre hindurch vertraut – kann befremden und erschrecken. Wir entdecken unsere Stimme neu!

Erinnern wir uns an das über die drei Register Gesagte. Ihre Handhabung wird uns durch Buchstaben erleichtert. Diese helfen uns, den jeweiligen

Stimmungsbereich sicherer zu treffen und den Wechsel der Stimmungen schneller zu vollziehen. Das soll an einem kleinen Beispiel klar werden:

1. Kopf- bzw. –i–-Register: *„Hier irrt Ihr, Ritter!"*
   Das –r– erleichtert uns den Anschlag von vorn.
2. Schulter- bzw. –e–Register: *„Vergeblich verfechtet ihr frevelndes Recht."*
   –f– und –ch– stützen den Satz.
3. Brust- bzw. –a–Register: *„Grauenvoll war eure Tat!"*
   Die Energie aus –r–, –w– und –t– unterstützen die Klangwirkung des –a– und –o– in der weiten Brust.

Selbst, wenn man an den Sätzen keinen persönlichen Anteil nehmen will, die bewußte Handhabung der Buchstaben und Register setzt die dazu notwendigen Energien frei, und die Aussage wird glaubhaft. Auf diese Weise lassen sich tote Stellen der eigenen Spannkraft überspielen. Aus dem bewußten Gebrauch unserer Möglichkeit fließen uns wieder Energien zu; der Wechsel in den Gezeiten unseres Körperhaushaltes ist dann kein Leerlauf. Es ist gleichgültig, welche Buchstaben man zu Hilfe nimmt. Günstig sind immer –d–, –t–, –f–, –ch–, –w–, –l–; unter den Vokalen hilft am meisten das –i–. (Das –i– weckt auf: *Kikerikiki! Fit!*)

So ist es ratsam, sich in der Prosa nach dem rhetorischen Aufbau auch nach den Buchstabenakzenten zu richten. Ebenso ist es notwendig, neben dem Mut zur Pause auch den Mut zum Tragen des Spannungsbogens zu haben und diesen nicht abreißen zu lassen. Letzteres unterstützt die Rücken- und die Bauchmuskulatur, auf deren Tragkraft wir vertrauen dürfen, sobald das Zusammenspiel des Atems mit Kreuz- und Stirnpunkt genügend trainiert ist. Bei dem nun folgenden Sinnspruch von Ludwig Fulda greifen wir bewußt auf die –m–. Dem Anlaut –w– in Wesen, dem –p– in Perle geben wir nur den allernötigsten Akzent, oder wir machen eine kleine Zäsur vor den Hauptworten. (Eine Zäsur ist immer zu setzen, wenn man etwas hervorheben will.) Im folgenden sollen Zäsur- und Pausenzeichen sowie Fettdruck von Buchstaben die Übung erleichtern.

*Deinem **W**esen V Fremdes V **m**eide.*
*Aber dringt's in **L**ust und **L**eide – V*
ohne daß sich's hemmen ließe –
in der Seele Heiligtum, – – –
*mach es wie die **M**uschel: – Schließe*
***b**ildend V eine V **P**erle drum.*

Ludwig Fulda
(entnommen aus: Hermann „Technik des Sprechens", S. 217)

Sehr präzise sollen die –ch– und –sch– in folgendem geübt werden:

Echtes V ehren.
Schlechtem V *wehren.*
Schweres *üben.*
Schönes V *lieben.*

Paul Heyse (a.a.O. S. 215)

Bei dem folgenden Vers lasse man sich für den Konsonanten sehr viel Zeit:

Wie kann man **sich selber kennen** *lernen? – –*
*Durch Betra**ch**ten V niemals,*
*wohl aber dur**ch** V* **Handeln.** *– –*
*Versu**ch**e, deine* **Pflicht zu** *tun*
und du weißt gleich, V **was an dir ist.**
Was aber V **ist denn deine Pflicht?** *– –*
Die **Forderung des Tages.**

Goethe (a.a.O. S. 218)

Die bewußte Arbeit mit den Buchstaben kann natürlich bei der Gestaltung der Sprache niemals die Anteilnahme des Gemüts und die rhetorische Ausarbeitung ersetzen. Die persönliche Hingabe an ein Werk, die Notwendigkeit, sich mit allen Kräften dahinter zu stellen, sich dafür einzusetzen, bleibt keinem erspart, dem es ernst mit seiner Aussage ist. Aber dem Fluß der Emotion zu steuern, ihn zu fördern oder zu hemmen oder ihn zu ermöglichen, kann die Arbeit mit den Buchstaben erleichtern. Auch hilft sie, den eigenen Empfindungen gegenüber nüchtern zu bleiben. Erst dann begreifen wir, was mit dem Wort von der „kühlen Glut des Heiligen Geistes" gemeint ist, wie lebendig und belebend Sprache sein kann.
Beim *lyrischen Gedicht* ist diese Nüchternheit besonders wichtig. Es braucht meist keinnen Registerwechsel, sondern bleibt in der Schulterresonanz, will aber dafür mehr den Klang und das Licht der Vokale. Die erste Strophe des folgenden Gedichtes lebt besonders in der bereitgehaltenen –a–Weite:

Du – mein einziger Gedanke, –
Du, mein Traum bei Tag und Nacht.
Was ich schaffe, ich verdanke
Dir's – und deiner Liebe Macht.

Die zweite Strophe will die Oberresonanz des –o– auch über das –e–:

Du, die Hoffnung meines Lebens –
Du, in Finsternis mein Stern. –
Du bist meines ganzen Strebens
tiefverborg'ner goldner Kern.

In der dritten Strophe denken wir an das über die Diphtonge Gesagte. Dazu kommt die ganze Ausweitung der Vokalskala von –i– bis –a–, das heißt, es wird die ganze Person gefaßt und zum Klingen gebracht: die Fülle des –a–, die Bewußtheit im –e–, die Erkenntnis und Bejahung im –i–.

Du, ein Teil von meinem Geiste,
Du, die Triebkraft meines Seins.
Was ich für die Mitwelt leiste,
schaffst auch Du, denn wir sind eins.

Frank Nikolaus Fink (a.a.O. S. 262)

Der Konsonant setzt Akzente, gibt das Profil und gibt das Licht und Metall der Vokale frei. „Der alte Brunnen" von Carossa bietet gleich in der ersten Zeile ein Beispiel dafür:

Lösch' aus dein Licht und schlaf! –

Was vermögen allein diese drei –l– an Bild und Stimmung zu geben! Im weiteren Verlauf der ersten Strophe bringt die Häufung des –a– die ruhige Behaglichkeit der Situation:

Das immer wache
Geplätscher nur vom alten Brunnen tönt.
Wer aber Gast war unter meinem Dache –
hat sich stets bald an diesen Ton gewöhnt.

Die Unruhe, von der die zweite Strophe berichtet, wird hörbar dadurch, daß Satz- und Versmaß sich überschneiden, die harten Konsonanten eine besonders helle Vokalisierung ermöglichen.
Der Zwischensatz „wenn du schon . . ." wird etwas tiefer gesprochen, d. h., wir halten „sein" hoch in der Schwebe, sprechen etwas tiefer weiter und greifen bei „daß Unruh geht . . ." wieder auf die Tonhöhe von „sein" zurück. Auf diese Weise bleibt der Bogen über dem Gedankengang gespannt.

Zwar kann es einmal sein – wenn du schon mitten
im Traume bist – daß Unruh geht um's Haus.
Der Kies beim Brunnen knirscht von harten Tritten,
das helle Plätschern setzt auf einmal aus.

Aber in der dritten und vierten Strophe geben eben diese harten Konsonanten eine beruhigende Sicherheit, vermehrt durch die nachfolgenden Klinger:

Und du erwachst. Dann mußt du nicht erschrecken!
Die Sterne steh'n vollzählig überm Land
und nur ein Wandrer trat an's Marmorbecken. –
Der schöpft vom Brunnen mit der hohlen Hand.

Er geht gleich weiter. Und es rauscht wie immer.
O freue dich: Du bleibst nicht einsam hier.
Viel Wandrer gehen fern im Sternenschimmer
und mancher noch ist auf dem Weg zu dir.

Hans Carossa
(aus: „Der ewige Brunnen", München 1955, S. 313.
Mit Genehmigung des Insel-Verlages, Frankfurt/Main)

Man vermeide, „O freue dich!" mit erhobenem Ton zu sprechen: Es wäre überladen. Es genügt, das –fr– zum –d– hinüber zu spannen, wodurch die Aussage viel eindringlicher wird.

In dem Gedicht von Rilke „Der Panther" malen die Konsonanten das Bild des Tieres im Käfig, das sich zwischen Anspannung und Resignation bewegt. Dem weichen Fluß der ersten zwei Zeilen wird in den nächsten zwei durch die Häufung der –t– eine Unerbittlichkeit entgegengesetzt. In der zweiten Strophe bringen –k– und –t– die Akzente im Wechsel mit den Klingern, in der dritten gesellt sich das –p– dazu und verbindet sich mit den anderen Konsonanten, die letzten Vokallichter zu setzen:

Sein Blick ist vom Vorübergeh'n der Stäbe
*so müd geworden, daß er **nichts** mehr hält.*
*Ihm ist, als ob es tausend **St**äbe gäbe*
*und hinter tausend **St**äben **k**eine Welt.*
Der weiche Gang geschmeidig starker Schritte,
*der sich im allerkleinsten **K**reise dreht,*
*ist wie ein **T**anz von **K**raft V um eine **M**itte,*
*in der betäubt ein großer **W**ille steht.*

Nur manchmal schiebt der Vorhang der Pupille
sich lautlos auf. Dann geht ein Bild hinein:
Geht durch der Glieder angespannte Stille
und hört im Herzen auf V zu sein.

Rainer Maria Rilke (a.a.O. S. 332.
Mit Genehmigung der Rilkeschen Erben. –
Erschienen im Insel-Verlag, Frankfurt/Main)

Das *dramatische Gedicht* (Ballade) verlangt einen besonders gut beherrschten Atem. Die Register müssen rasch gewechselt, die Konsonanten präzise gearbeitet, der Klang der Vokale bewußt genutzt werden können. Das Bild der Handlung will oft mit raschen, starken Strichen gemalt sein, die Akzente müssen knapp gesetzt werden, Härte und Weichheit sich klar gegenüber stehen, epische Breite mit straffer Raffung wechseln. Aber „mitten in dem Strom, Sturm und – wie ich sagen möchte – Wirbelwind eurer Leidenschaften, müßt ihr euch eine Mäßigung zu eigen machen, die ihr Geschmeidigkeit gibt." (Hamlet, Rede an die Schauspieler, II. Akt. 2. Szene). Von der Grundstimmung aus ist die Sprache in Zucht zu halten. Der „Hunnenzug" von Börris v. Münchhausen zum Beispiel, ist praktisch nur eine Reportage. Aber welches Tempo, welche Farben in dieser Vision! Welche Atemdosierung ist erforderlich, um das Näherkommen und wieder Verschwinden des Zuges in der düsteren Landschaft nachzuzeichnen! Die Energie aus Stirn- und Kreuzpunkt muß in Distanz gehalten bleiben. Am besten stützt man sich dabei durchgehend auf die Mittelresonanz, von der aus man nach oben und unten ausschwingen kann.
Der Rezitierende wird gut daran tun, seinen Bogen schon im voraus über den gesamten Ablauf zu spannen. Das ganze Kunstwerk muß ihm so gegenwärtig sein, daß er gewissermaßen „mit dem Ende" beginnen kann. („Mit dem Ende zu beginnen", ist eine Kunstregel.) Dieses Wissen hilft sowohl seiner Konzentration als auch seiner Interpretation; er vermag besser die Linie zu halten, bleibt objektiver sich selbst gegenüber; er erkennt leichter, wo ihm mehr die Konsonanten oder die Vokale helfen, um dem zu interpretierenden Geschehen Leben und Farbe zu geben. Treten verschiedene Personen auf, ist für den Ton des Erzählers immer das Mittelregister am besten. Die Personen sind sowohl durch unterschiedliche Tonhöhe, als auch durch verschiedenes Register – besonders bei Beginn der direkten Rede – zu charakterisieren. Tonstärke und -farbe sind sorgfältig zu wählen und der Absicht des Dichters gemäß einzusetzen und durchzuhalten. Am besten nimmt man ein Tonbandgerät zu Hilfe, bis man seiner Stimme sicher ist.

So wenig wie im beschwingtesten Rhythmus der Reime der Reim so vorherrschen darf, daß der Sinn gestört wird, so wenig darf in der reimlosen, gebundenen Dichtung („gehobene Sprache") die Skandierung vorherrschen. Wenn auch der Rhythmus der Verse spürbar sein muß, so erfordert die Interpretation doch eine größere Nüchternheit, die sich der Prosarede nähert. Um den Rhythmus durchhalten zu können, denken wir ihn uns in den breiten Rücken, halten ihn dort und lassen davon nur soviel in die Aussage strömen als nötig ist, die Sprache in dem „gehobenen Fluß" zu halten.

Noch einmal sei daran erinnert, daß man das Satzende nicht fallen lassen darf, also die letzten Buchstaben mit der gleichen Energie bringen soll wie den Anfang des Satzes. Zu Beginn jeden Satzes spart man dafür etwas mit der Einsatzenergie und geht gleich mutig auf das dritte Wort oder auf das Satzende zu. Man hüte sich davor, mit gestauter oder massierter Luft einzusetzen; man verklemmt sich sonst unweigerlich! Der Vortragende muß sich als Instrument behandeln und beobachten. Er muß lernen, daß der ganze Vortrag eine Sache der geistigen Vorstellung ist, die vorauszugehen hat und praktisch nie enden darf. Aus dieser geschlossenen Zielstrebigkeit erwächst erst die wirklich gestaltende Kraft, die Sprache frei schwingen zu lassen.

Es gibt zwei Mittel, diese freischwingende Redeweise zu erlangen:

1. Man spricht die Verse mit einem Korken zwischen den Zähnen, bis der Kork keine Einbißstellen mehr zeigt. Im Anfang wird man vielleicht einige Korken zerbeißen. Das wird solange der Fall sein, bis sich der Unterkiefer aus dem Scharnier gelockert hat. Man kann sich auch zwei Finger übereinander zwischen die Zähne halten, dann spürt man den Biß.

2. Man spricht einzelne, besonders schwierige Sätze in gleichmäßiger Betonung jeder Silbe auf einem Ton. Es ist erstaunlich, wie schnell man dadurch von falscher Betonung und falscher Interpunktion frei wird!

Das *heitere Gedicht* erfordert neben der gelösten Gemütsstimmung ein sehr lockeres Zwerchfell und eine sehr präzise geführte Zungenspitze als Zügel. Der Spaß muß in allen Facetten leuchten können, aber die Freude daran muß beherrscht bleiben, damit nichts überladen wird. Auch die Freude braucht ihre Zeit um zu zünden und sich zu entfalten. Wirkungslos wäre aber auch ein zu langsames oder zu pausenreiches Sprechen.

Um sich in die Interpretation heiterer Verse einzuarbeiten, bieten die Gedichte von Wilhelm Busch und Eugen Roth beste Möglchkeiten. Ein Beispiel:

Das Klavier

Ein gutes Tier
ist das Klavier, –

still, friedlich und bescheiden –
und muß dabei
doch vielerlei
erdulden und erleiden.
Der Virtuos
stürzt darauf los
mit hochgesträubter Mähne.
Er öffnet ihm
voll Ungestüm
den Leib V gleich der Hyäne.
Und rasend wild,
das Herz erfüllt
voll mörderischer Freude
durchwühlt er dann
soweit er kann
des Opfers Eingeweide.
Wie es da schrie
das arme Vieh –
und unter Angstgewimmer
bald hoch, bald tief
um Hilfe rief, –
vergeß ich nun und nimmer.

Wilhelm Busch (a.a.O. S. 704)

Freie Rede – Diskussion – Gespräch

Es ist gewiß nicht ganz einfach, die bewußte Sprechdisziplin, auch wenn wir sie an vorgegebenen Texten geübt haben, in den täglichen, beruflichen und privaten Umgang hineinzunehmen, und doch ist es wichtig, damit Stimme und Sprache das ganze Leben hindurch nicht nur frisch und gesund bleiben, sondern auch ihre gestaltende Kraft bewahren. Noch mehr als bei der Rezitation muß beim freien Sprechen die Bereitschaft zur Distanz gegen das eigene Gefühl – besonders in der Erregung – da sein. Gar zu gern und gar zu oft möchte man mit allen seinen Kräften auf das Gegenüber zugehen und es überzeugen. Ich kann nur immer wieder raten, in Momenten gesteigerter Anteilnahme die kleine Gegenbewegung zur rückwärtigen Weite, zum Kreuzpunkt hin zu denken, die Schultern zu lockern und dann erst wieder den Bogen zum Partner zu schlagen. Die zeugende Bildekraft der Empfindung läuft sonst wie im Sog quer durch Leib und Brust und überschwemmt nicht nur die Konzentration und den Blickpunkt sondern auch den Zuhörer. So liefert man sich zu sehr dem anderen aus! Nur wenn man sich selbst in seiner Polarität zu halten und damit zu spielen gelernt hat, bleibt man Meister seiner selbst.

Wenn man die eigene Bildekraft zu dosieren und zu steuern vermag, lernt man auch diese Kräfte im Partner zu wecken und zu erkennen. Es stellt sich dabei eine neue Art des Zuhörens ein. Es entstehen ganz zwangsläufig *Pausen,* in denen man dem Wirken und Gestalten dieser Kräfte nachspürt. Pausen, in denen man diesem Wirken und Gestalten aber auch die notwendige Zeit zur Formung läßt. Dazu gehört ein gewisser Mut, den man durch Übung gewinnt: Man läßt die gesamte Gedankenenergie in den breiten Rücken fließen und wartet ab, was sich von da her in unser Bewußtsein als Bild oder Wort formt. Dann redet man weiter.

Gerade in einer *Diskussion* sollen die Bildekräfte der Sprache zwischen den Partnern wirken. Eine allzu starre Haltung kann das vereiteln. In einer solchen „Verhärtung" des Meinungsaustausches ist es gut, seinen Bogen sehr energisch knapp vor dem eigenen Körper herunterzuziehen und sich dadurch von den unguten Einflüssen abzuschneiden. Wenn man sich dann in seiner eigenen Weite wieder wohlfühlt, nimmt man den Kontakt wieder auf. Auf diese Weise ist man sowohl für den Partner bereit, als auch in sich gesammelt. Erst dann findet man seine „Mitte", die sich aus dem Zusammenwirken der polaren Kräfte Geist und Stoff bildet.

In dieser Mitte spielt das Zwerchfell eine bedeutende Rolle. C. L. Schleich nannte es die „Marconiplatte des Weltalls". (C. L. Schleich, Essays, Berlin, 1926). Es reagiert auf jede Regung des Gemütes und vermag sie der Atemenergie als Vibration zu übertragen. Aus dieser Mitte spannt sich dann der Bogen, und er spannt sich um so leichter, je freier und weiter sich die Mitte bilden konnte. Vor allem aber läßt sich „unter dem Bogen" der Gleichmut bewahren. Hat sich der Bogen von selbst gebildet, „steht" er, ohne daß man noch besonders daran denken muß, kann man sich unter ihm leicht und unauffällig durch Lockern der Schultern entspannen und neu in Bereitschaft gehen. Auch dem Partner bleibt dadurch die Freiheit, wie weit er sich engagieren will. Alles bleibt wendiger, und die Regungen des Gemütes vom Ernst bis zur Heiterkeit, von Trauer bis zur Begeisterung bleiben in solcher Freiheit wahrhaftiger, glaubhafter und überzeugender. Die Sprache wird wirklich „frei", und ihre Wirkung wird um so größer, je mehr wir darauf vertrauen, daß die freiwerdenden Bildekäfte ganz von selbst an der Gestaltung mitarbeiten. Dieser Vorgang braucht natürlich seine Zeit. Wir müssen also immer wieder Pausen machen. Aus diesen Pausen kann dann aber das – nach Goethe – Köstlichste entstehen: *das Gespräch.*

In einem guten Gespräch kann man jederzeit den Kontakt unter dem Bogen unterbrechen, um einer momentanen Anregung nachzuspüren. Fruchtbare Pausen gehören zum Gedankenaustausch. Die Ruhe, die dann erwächst, schenkt das „Sichverstehen ohne Worte", den Austausch im Schweigen. Die Kräfte, die aus solchem Schweigen kommen, geben im Fortgang des Gespräches unseren Worten und unserer Stimme einen eigenen „ein-dring-lichen" Klang. Dann erlebt man vielleicht, wie stark der „Resonanzboden" ist, der sich unter dem Bogen der Gemeinsamkeit bildete und sie trägt.

XII. Stimmbildung in der Grundschule

Die außerordentliche Wirkung des Lehrers auf das Kind ist bekannt. Der Lehrer ist die erste Autorität, die das Kind bei seinem Schritt aus der häuslichen Atmosphäre anerkennen soll und mit großer Begierde anzuerkennen bereit ist. Der Mensch begreift, erkennt, erfaßt nur, was er mit schon Erlebtem vergleichen kann. Auf das Kind aber stürzt bis zur Pubertät so ziemlich alles erstmalig ein. Jeden neuen Menschen, jedes Wissen, alles, was da „kreucht und fleucht", seinen Halt, seine Vergleichssicherheit identifiziert das Kleinkind mit den Eltern und älteren Geschwistern, das Schulkind aber mit dem Lehrer. Das Kind imitiert die Welt der Erwachsenen. So ahmt es auch schlechtes Sprechen und falsche Wesenshaltung nach.
Darum achte der Lehrer schon von Anfang an bei den Kindern auf eine gelöste Haltung und eine leichte, wohllautende Stimmgebung! Mehr mit den Augen als mit den Ohren beobachte er beim Sprechen und Singen das Kind: Hochgezogene Schultern sind ein Zeichen von Atemverklemmung. Ein leichter, beruhigender Griff auf die Schulter und die leise Aufforderung „Laß los!" entspannen das Kind. Wird beim Sprechen der Hals breit oder färbt sich gar das Gesicht rot, wird der Kehlkopf überanstrengt. Es genügt dann ein leises Streichen mit zwei Fingern über eine der Augenbrauen zur Schläfe hin mit den Worten „Mach da auf!", und es wird das Scharnier locker und der Weg zur vorderen Resonanz frei. Mehr zu sagen, ist nicht nötig. Aber immer wieder ist auf leichte und gelöste Haltung des Körpers und Gesichtes zu achten und, wenn notwendig, sind die Griffe an Schulter und Schläfe zu wiederholen.
Man kann mit den Kindern die stimmlosen Lockerungsübungen für das Scharnier, das Fallenlassen aus der –i– in die –a–Haltung ohne viel Mühe üben, ebenso den Lippenzug –i– zu –u–, und sie dann den *Klang* für die anderen *Vokale* selbst suchen lassen. Es macht ihnen Freude. Übungen für die *Konsonanten* lassen sich am besten anhand des Unterrichtsmaterials finden. Läßt man die Kinder die einzelnen Laute „von vorne weg" blasen, muß man sogar aufpassen, daß sie nicht zu laut werden, und die Sprache nicht zu schnell von der Zunge wegläuft. Auch schon das Kind kann und soll seine *Zungenspitze* in den „Griff" bekommen; es soll die *Oberlippe als Muskel,* der zupacken kann, spüren und die Vokale klein und leicht denken lernen. Die Bauchdecke schaltet sich meist von selbst ein, wenn der Lehrer

darauf achtet, daß sich das Kind weder im Hals noch im Unterkiefer verklemmt, oder gar auf den Ton drückt. Notfalls übe man in der Turnstunde die Atemübung mit der Schwungbewegung.

Schwache Stimmen gewinnen automatisch an Kraft, wenn die vordere Resonanz erst einmal mitschwingt.

Alle Übungen läßt man chorisch von allen Kindern gemeinsam machen. Kinder mit Sprechschwierigkeiten überwinden diese so am schnellsten. Wenn nicht, so nehme man sie gesondert oder in Gruppen vor, u. U. auch einzeln, nach Absprache mit den Eltern.

Lispler hilft man mit der Übung –detedete–, –tadatada–, *talatada* – zur Stärkung der Zungenspitze. Dann nimmt man **tz** dazu: *Katze, Tatze, Hetze, Spitze* etc. und achtet darauf, daß die Zungenspitze die untere Zahnreihe erreicht. Erst dann übt man –**s**– allein und in Verbindungen. Auch greife man immer wieder auf –z–Übungen zurück. Gut ist –*trfnd*– mit angehängtem –**z**–, z. B. –*treffende*–, –*treffende–zu*–, –*zutreffende*–.

Stotterer läßt man in den Rücken atmen und übt, ihn weit zu halten. Stottern ist ja in der Hauptsache eine Atemverklemmung. Erst in zweiter Linie kommt eine Stauung im Kehlkopf oder Rachenraum hinzu. Die Ursache kann verschiedener Natur sein. Jedenfalls versuche man mit Lockerungsübungen an Scharnier und Schultergürtel den Übereifer für die Sprachbildung wegzunehmen. Der Griff zur Schulter mit einer Lockerungsbewegung, das Streichen von Braue zur Schläfe soll aber erst geschehen, wenn man das Gefühl hat, das Kind will sich helfen lassen. Sonst kann eine körperlich nahe Hilfsbereitschaft erst recht eine Hemmung auslösen. Das Kind w i l l ja gut sprechen! Es strengt sich an. Kommt die Hilfe zu schnell, reagiert es mit doppelter Anspannung. Darum halte sich der Lehrer in der nötigen Distanz, aber mit großem Vertrauen dem Kind zugewandt.

Stottern kann auch seinen Grund darin haben, daß die Zungenwurzel zu fest gehalten wird. Alle Buchstaben, die von der Zunge gebildet werden, haben die Neigung, sich von der Zungenwurzel tragen zu lassen. Dem kann man entgegenarbeiten, indem man in der –s–Haltung den Zungenrücken vor- und zurückschiebt. Für das Kind soll das ein lustiges Spiel werden: Die Zungenspitze an der unteren Zahnreihe lassen und dann die Zunge darüberwölben. Ist es zu schwer, fange man mit –tada–, –tala–, –paba– etc. an, lasse die Silben etwas singen. Singen ist überhaupt eine große Hilfe, die Stauung zu beseitigen. Der Singimpuls gibt automatisch mehr Ruhe in den Atem. So hilft man dem Kind, daß es nicht sofort nach dem Einatmen sprechen will. Die eingeatmete Luft muß im Körper erst zur Ruhe kommen, damit sie dosiert den Kehlkopf passieren kann. Also achte man nach dem Einatmen darauf, daß Schulter und Scharnier locker bleiben. Letzteres erreicht man mit dem leisen Streichen zur Schläfe hin. Meist ist die Hemmung überwunden, wenn das Kind den Sprachansatz aus der Mundhöhle heraus vergessen hat. Also auch hier ist darauf hinzuarbeiten, daß nicht **in** den Sprechwerkzeugen, nicht **im** Mund, sondern von oben her gesprochen wird. Ob man dabei zuerst die Explosivlaute, die Klinger, die Reibelaute oder die Vokalanlaute behandeln muß, hängt von der jeweiligen Verklemmung ab. Das muß man anhand der Übungen erst erproben.

Solche Lockerungsübungen können den Sprachheilkundigen selbstverständlich nicht ersetzen!

Dialekte bergen die Gefahr der Tonverklemmung in sich. Alle Dialekte haben ihr spezielles Idiom hauptsächlich in der unterschiedlichen Klangresonanz der Mund-, Nasen-, oder Rachenhöhle, wo der Ton dann leicht hängenbleibt. Die meisten Dialekte werden zu weit hinten gesprochen. Das ist besonders in den Alpenländern der Fall. In anderen Gegenden wird der Klang im Rachenraum gehalten; wieder in anderen hängt er zu sehr in den oberen oder unteren Backenzähnen. Auch der breitgehaltene obere Gaumen gibt einen besonderen Sprachcharakter. Nun soll diese Resonanzhaltung durchaus beibehalten werden, sonst verliert der Dialekt den spezifischen Klang. Aber der Vokal*kern* muß nicht in den Mund- oder Rachenraum verlegt werden. Man kann auch im Dialekt die Sprache vom Stirnpunkt aus führen, und nur die Tonschwingungen im jeweilig dialektbedingten Resonanzraum sich verstärken lassen.

Auch das ist eine Aufgabe der Sprecherziehung, nämlich die menschliche Stimme so in Sitz und Führung zu bringen, daß sowohl die einheimischen Dialekte, als auch fremde Sprachen einwandfrei gesprochen werden können. Der Sprechende kann dann sicher sein, daß ihm seine Stimme gehorcht, ohne zu ermüden.

XIII. Vom Sprechen zum Singen

Am liebenswertesten ist der singende Mensch, der große wie der kleine. Gesang ist Ausdruck einer gehobenen Lebensstimmung, die sich in einem bestimmten Rhythmus ausdrückt. Andererseits bringt der Rhythmus, wenn er aufgenommen wird, eine gehobene Lebensstimmung. Vom singenden Menschen geht eine Gelöstheit und Harmonie aus, die einnimmt und mitreißen kann.

Es gibt auch Menschen, die nicht singen können, die kein Gehör haben und nur brummen. Das müßte nicht sein! Wenn die Kinder lernten, wie man sich lockert, wie man das Sichbesinnen und das Sich-auf-etwas-einstellen in den Körper und seinen Umkreis hereinnehmen kann, dann könnten sie sich in ihren Entfaltungsmöglichkeiten viel leichter tun, und das heißt dann auch beim Sprechen und Singen.

Ist das zu erreichen? Ohne daß es der Lehrer in Haltung und Verhalten selbst vorlebt und vorstellt, gewiß nicht; auch nicht, wenn das Kind zu Hause in einer verklemmten Atmosphäre leben muß. Aber die Mehrzahl der Kinder könnte – auf die Länge der Schulzeit bezogen – doch in die richtige Grundhaltung eingeübt werden, und sie bekämen damit Hilfen für das ganze Leben.

So gesehen, ist das Singen ein unschätzbarer Gewinn für die Entwicklung des Kindes. Jeder Mensch – auch der Unmusikalische und der Brummer – kann zum Singen geführt werden, wenn nur genügend Geduld für ihn aufgewendet wird. Das Singen ist eine unschätzbare Hilfe, den Menschen mit sich selbst in Harmonie zu bringen. Bei unbeschwertem und gelöstem Singen reguliert sich der Körper in der natürlichsten Weise in die rechte Distanzhaltung seiner seelischen und körperlichen Kräfte. Der Mensch wird in sich selbst ausgeglichen, entspannt und befreit. Nicht umsonst wird dem Gemeindegesang im Gottesdienst ein so großer Raum gelassen. Das Zusammenwirken von Harmonien und seelischer Bereitschaft dient der Aufnahme geistig - seelischer Potenzen. Gesang schafft Gemeinschaft. Selbst stark gehemmte Menschen können durch gemeinsames Singen zueinander in Kontakt kommen. Sie erleben, daß der Nebenmensch ja die gleiche freudige Stimmung zum Singen hat, vielleicht auch die gleiche Mühe, bis etwas richtig sitzt, und erfahren so ein Stück Gemeinsamkeit. Dabei lösen sich körperliche und seelische Verklemmungen.

Nun aber besteht doch auch eine Gefahr: Um den bewußten und besonders den unbewußten Gefühlen im Singen freieren Lauf zu geben, das Unaussprechbare „Laut" werden zu lassen, ist man gar oft geneigt, seinen Empfindungen auf dem direkten Wege: Lunge – Hals – Mund und mit Druck auf den Kehlkopf nachzuhelfen. Das ist nach der kreatürlichen Beschaffenheit des Menschen durchaus natürlich und normal. Aber für den Menschen als geistbegabtes Individuum ist es nicht „normal". Und auch für die psychologische Beschaffenheit des Stimmorganes ist es nicht normal. Denn der Kehlkopf des Menschen ist nicht nur ein natürlich funktionierendes Organ in unserem höher entwickelten tierischen Körper. Er ist so gebaut, daß er erst durch den steuernden Geist alle seine Funktionen ausüben und alle seine Möglichkeiten einsetzen kann. Nur dadurch bleibt er gesund und leistungsfähig.

Wenn schon für das Sprechen eine kreatürliche Stimmabforderung so schädlich ist, um wieviel mehr werden die Stimmbänder bei einem solchen Singen überanstrengt: Die ausgeschrieenen Stimmen so mancher Schlagersänger sind ein alarmierendes Zeichen! Der unbestreitbare Reiz dieser „elementaren" Stimmen hat ein völlig falsches Klang-Ideal, besonders unter jungen Menschen, geschaffen.

Grundhaltung

Beim Tonumfang wurde schon gesagt, daß sich der Gesangston ohne weiteres auf dem Sprechton aufbauen läßt, wenn man den Sprechton in der Schwingung konstant hält. Er schwingt solange, wie man die Abstützung und Dosierung des Atems und die Verstrebung des Tones auf den jeweiligen Registerböden aushalten kann. Gehen wir wieder von der Grundhaltung aus: Auslockern aller Gelenke – Atem einfallen lassen – Ruhe im Kreuzpunkt – Bogen aufstellen – Weite an Schläfen und Hinterkopf – Schultern fallen lassen – Brustraum nach rückwärts ausspannen – den Atem in Höhe der halben Brust abriegeln (Atemverschluß) – die Luft im Kehlbereich wegblasen – Kehlgrund öffnen. Dabei „umgreifen" wir den Kehlkopf in Gedanken, damit er sich präzise einspannen kann, sich aber nicht verspannt. Vor allem achten wir darauf, daß wir uns trotz Atemverschluß wohlfühlen! Das heißt, daß wir nur soviel Luft einatmen, wie wir in gelöster Haltung leicht fassen können. Mattia Battistini, der bis ins hohe Alter seine schöne Stimme bewahrte (er ging mit 72 noch auf Konzerttournee!) sagte, daß er nie mehr Luft einatme, als er brauche, um an einer Rose zu riechen. Damit sang er die längsten Phrasen. Beobachten wir uns beim Vorgang des Riechens: Um den

Duft voll auszukosten, atmen wir ihn bei leichtgeöffnetem Mund und weitgehaltenen Nasenflügeln ein, und halten den Atem in der weitgespannten Brust; und schon haben wir den zum Singen notwendigen Atemverschluß! Und mit lockeren Armen und Beinen, mit fallengelassenem Unterkiefer üben wir die rasche Folge von –i–u–i–a–i–u–i–a–, kpt, pkt, bglknd, bdrknd; dann mit mineminemin, manemanemanema, etc. immer im Spiel der leisen Stimme.

Tonansatz

Erinnern wir uns: Vokale werden gedacht! Der allen gemeinsame Punkt wird im –i–Punkt fixiert. Diesen Punkt umspielen wir mit dem Energiefaden. Der Vokalklang wird durch das Denken und durch die Bereithaltung der Resonanzräume freigegeben (vgl. Vokalübungen, Kap. VI).

1. Übung

Wir lassen den Atem einfallen, stellen den Bogen auf, stützen uns mit der breiten Brust auf den Kreuzpunkt, achten auf lockere Schultern, blasen die Luft um den Kehlbereich weg, halten den Kehlkopf leicht schräg nach unten vor, lockern das Scharnier, ohne den Mund weiter zu öffnen. Nun führen wir den Anschlagsbogen, wie beim Sprechen, von den Brauen her mit großer Präzision gegen uns selbst und schlagen ganz vorne am Nasenrücken einen Summton an. Das ist der *Normalton*, vorausgesetzt, daß wir nicht in einer falschen Spannung sind. Wir gehen bei unseren Übungen immer vom Normalton aus. Ist er gut gefaßt, halten wir ihn, indem wir die kleine Drehbewegung denken. Dann gehen wir mit einer intensiveren Drehbewegung in ein –i– und umspielen dessen Punkt, bis der Ton sauber klingt.
Dabei wird mehr Luft an- und abgefordert. Wir dosieren sie im „Atemverschluß" und durch den Muskelzug der Bauchdecke, so gut, wie wir nur können. Wir benutzen also diese und die folgenden Übungen zugleich als Atemübungen für den Gesangston: Die Luft soll jeweils nur im Mindestmaß abströmen.
Um zu vermeiden, daß der Ton nasal wird, stellen wir uns vor, wir „klappen die Nase auf". Gelingt das –i– in verschiedener Tonhöhe, spielen wir von ihm – wie in den Sprechübungen – mit einer jeweils größeren Drehbewegung bei gleichzeitigem Fallenlassen des Unterkiefers und leichtem Öffnen des Mundes zum –e– und zum –a–. Je exakter die Sprechübungen gearbeitet wurden, um so selbstverständlicher gelingt der Gesangston, und um so leichter fällt es, den Vokalpunkt = Tonkern mit dem vom Gedanken geführten Energiefaden zu umspielen und in der Schwingung zu halten. Dieser Ton

saugt sich ganz von selbst die nötige Luft an, die er braucht, um den Raum
zu gewinnen. Je besser wir gelernt haben, die Ausweitung auf dem Kreuzpunkt zu tragen, um so sicherer findet der Atem seine Abstützung im Rücken
und auf den breitgehaltenen freien Rippen, um so bereitwilliger geben die
Stimmbänder die nötige Tonfrequenz für die gewünschte Dauer. Bauchdecke
und Lende helfen tragen, das Zwerchfell balanciert die Spannungen aus.

2. Übung: Vorgreifen zum Vokalpunkt.

Tonführung von –i– zu –u–

Läuft die Übung sauber, versucht man –i–u–o–. Dabei muß man den Griff
vom –i– zum –u–Punkt sehr weit von vorne und wie um die Nasenflügel geführt nehmen, sonst bleibt der –u–Klang zu weit hinten, und auch das –o–
gerät zu tief in den Rachenraum. Man kann sich dabei helfen, wenn man sehr
exakt nur den Vokalpunkt „abschneidet".
Es folgt die Übung –na–e–i–u–o– auf einem Ton oder drei Töne auf- und abwärts.

2. Übung

3. Übung: Quarte mit Quinte und Sexte

Dann wechselt man zum Quartensprung mit Quinte auf –i–a–i–a–, auch nur
–i–a–a–a–. Um die Barriere zu überwinden, bereiten wir die Übergänge früh

96

genug vor. Wir erlauben dem Vokal, sich nach –ü– bzw. –ö– zu färben, indem wir die –ü– und –ö–Resonanz möglichst früh öffnen. Man mache die Übungen mit ziemlichen Schwung und einer gewissen Unbekümmertheit, ohne den Ton zu erzwingen. Gelingt es nicht, geht man wieder etwas tiefer; schlägt ein höherer Ton nicht gleich an – trotz richtiger Haltung – so hat man wenigstens die Haltung geübt, die dann doch einmal zum Ziel führt.

3. Übung

Bei der Übung zur Sexte auf –i–a–i–a–i–a– schneidet man zwischen Quinte und Sexte, d. h. – vom –i– zum –a–, den –a–Punkt besonders knapp, sehr flach vor dem Gesicht ab. Man hängt dabei das Scharnier so aus, daß man von Schläfe zu Schläfe ein Gefühl großer Breite bekommt. Der technische Ausdruck dafür ist: „Schläfen breit halten". Der Ton darf, ja muß dem eigenen Ohr nicht nur flach, sondern geradezu ordinär klingen. Nur so bleibt der Tonkern auf der Bahn zu einer strahlenden Höhe. Mit fortschreitender Sicherheit gewinnt er dann automatisch an Rundung und Wärme.
Man denkt sich alle Töne in einem gewissen Abstand vom Körper. Sie liegen in einem Bogen über dem Boden der Kopfresonanz: Von der Tiefe beginnend auf der verlängert gedachten Oberlippe, also vor dem Gesicht, dann zur Nase hin, steigend über die Stirn zur Scheitelhöhe und wieder absteigend über den Hinterkopf. Der tiefste Ton liegt ungefähr 20 cm vor dem Gesicht, das a″ in Scheitelhöhe, das f‴ im Nacken. Der Übergang vom harten Gaumen zur Hirnschale liegt in Höhe der Backenknochen. Bei tiefen Stimmen wird er zwischen e′ und f′ sein, bei höheren zwischen f′ und g′, bei ganz hohen bei gis′. Das a′ liegt immer am Schädelboden, d. h. von vorn gesehen, fast in Augenhöhe. Der nächste Übergang zwischen h′ und d″ liegt vor der Stirn. Der Schritt zwischen e″ und g″ spielt um den Haaransatz. Hier kann man sich die inneren Wölbungen der Hirnschale vorstellen. Bis zum a″ kann man die Tonschwingungen gewissermaßen aus der vorderen

Wölbung der Hirnschale abnehmen; von da ab müssen wir sie aus der hinteren Wölbung in die obere Führung bringen. Bei tieferen Stimmen entsprechend früher.

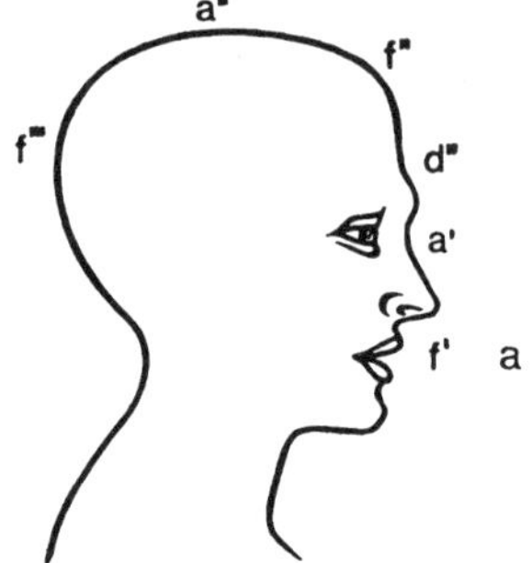

Gedachter Tonsitz

XIV. Tonführung

Helge Lindberg verwendete für die Tonführung gern das Bild der Pyramide. Die unterste Stufe auf der Oberlippe beginnt 20 cm vor dem Gesicht, als Basis durchgehend zum Nacken, die Spitze der Pyramide ist etwas schräg vor der Scheitelhöhe zu denken. Im Tonverlauf greift man die einzelnen Stufen von außen aus der Drehbewegung.

Der Sitz der Töne ist also in Distanz zu unserem Körper zu halten. Das ist für die Tonführung ungeheuer wichtig. Denn nur auf diese Weise bekommen die Töne die nötige Freiheit, ihre Grundschwingung sowohl wie ihre Ober- und Unterschwingungen entfalten zu können. Da wir in der Drehbewegung den Tonpunkt umspielen, Tonpunkt und Konzentrationspunkt aber zusammenfallen, verläßt der Konzentrationspunkt nun den Raum der Maske und wird in den „Blick" genommen. In diesem Blick wandert er zur Tiefe vor das Gesicht und zur Höhe im Bogen über den Scheitel. In Scheitelhöhe bleibt der Blick dann „stehen". Von hier aus werden die dahinter liegenden Töne freigegeben. Ihre Punkte werden nur noch vom festgehaltenen Blick verfolgt.

Das ist der Unterschied zwischen Sprache und Gesang.

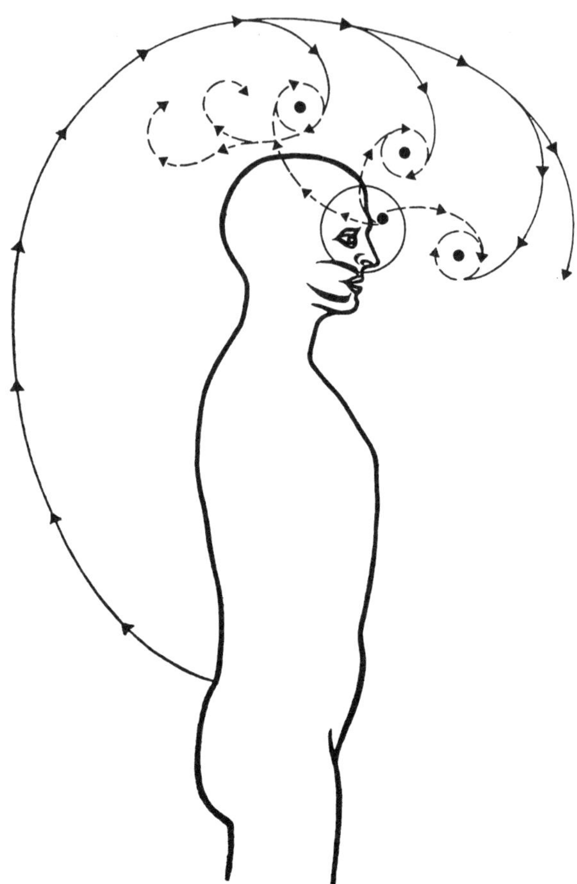

Für das kurze Anschlagen der Tonhöhe beim Sprechen genügt die Führung aus dem Stirnpunkt. Der Gesangston aber braucht die Distanz- und Konstanthaltung des Tonpunktes über einer bestimmten Stelle auf dem Boden der Kopfresonanz, von welcher der Ton durch die Drehbewegung abgenommen wird. Daraus ergib sich für die Tonführung *in der Höhe* eine Schwierigkeit: *Vokalpunkt und Tonpunkt fallen nicht mehr zusammen!* Bisher blieb der allen Vokalen gemeinsame Punkt im –i–Punkt an der Stirn. Von dort her wurden die Resonanzräume für –ü– und –ö– in der Höhe freigegeben. Beim Singen nimmt der „Blick" den Punkt aus der vordersten Resonanz heraus und führt ihn in Scheitelhöhe, ja, er „verfolgt" ihn noch darüber hinaus. Der Tonpunkt steht über der –ü– und –ö–Resonanz. Wie kann dann von dort ein reines –i–, –e– oder –a– klingen? Wir erreichen das dadurch, daß wir – ohne einen bestimmten Vokal anschlagen zu wollen – „vokallos" die Resonanz anschlagen. Das gelingt bei einiger Konzentration durch die sehr präzis-gedachte Drehbewegung über der Pyramidenspitze. Es erklingt ein Laut, der zwischen –ö–o–a– liegt. Denken wir in die Drehbewegung einen kleinen Punkt, so stellt sich das Gefühl ein, es bilde sich ein Kern, der als „absoluter Ton" definiert wird. Also: Der Ton „steht" über der –ü– und –ö–Resonanz; wir hören auch deren Färbung, denken aber den gewünschten anderen Vokal, und es erklingt ein reines –i–, –e–, –a– etc. Auch wenn unser eigenes Ohr es nicht bestätigen kann: Der Hörer hört den reinen Klang, wenn die Vorstellungskraft exakt arbeitet. Das dauert natürlich einige Zeit.

Diese ausschließliche Tonführung über dem Boden der Kopfresonanz setzt deren unverletzliche Stabilität voraus. Die Kopfresonanz darf niemals verlassen werden! Selbst der tiefste Ton muß in ihr verankert bleiben.

4. Übung

Oft führt ein Konsonant den Ton leichter auf seinen Weg. Darum nehmen wir die nächste Übung mit einem elastischen Zungenschlag für –d– und –l– zu –o– und –a– und singen den Dreiklang auf- und abwärts: –do–la–do–la–do–

Wir nehmen die Sexte dazu:

Man beginnt mit dem Normalton und geht im Halbtonschritt aufwärts. Auch diese Übungen sollen recht couragiert in einem zügigen Tempo gemacht werden. Entstehen Schwierigkeiten, geht man entweder etwas tiefer, oder greift zu einem anderen Intervall oder zu anderen Lautverbindungen. Besonders bei den Übergängen hilft der größere Schwung, den man für ein größeres Intervall nehmen muß, um den folgenden Ton sicherer zu umgreifen. Gelingt dann der höhere Ton, geht man mit der Übung im Halbtonschritt abwärts. Dabei muß man die Schläfen sehr breit halten und in Gedanken diese Ausspannung in gleicher Breite beim Abwärtssingen mit nach vorne nehmen, so, als lege man ein Tablett oder die folgende Pyramidenstufe als Boden unter die Tonfolge.

Beim Abwärtsgehen sind die Drehbewegungen in der oberen Bogenwölbung dem Verlauf des gedachten Tonsitzes entsprechend sehr weit auszuholen. Wenn auch das Abwärtsgehen meist leichter erscheint als der Weg zur Höhe, so ist es doch schwierig, auf der richtigen Tonhöhe zu bleiben. Denkt man nur „tiefer", verlieren die Töne ihre Oberschwingungen und sinken ab. Deshalb muß man geradezu übertrieben beim Abwärtsgehen die Spannung halten und besonders den ersten Ton nach dem höchsten noch höher als diesen denken. Das heißt, der Bogenschlag vom hohen Ton zum tieferen muß die größte Ausweitung in der Vorbereitung haben, denn der tiefere Ton wird von der Drehbewegung *über* den höheren Ton hinweg geführt, um *davor* angesetzt zu werden.

Tonführung auf- und abwärts

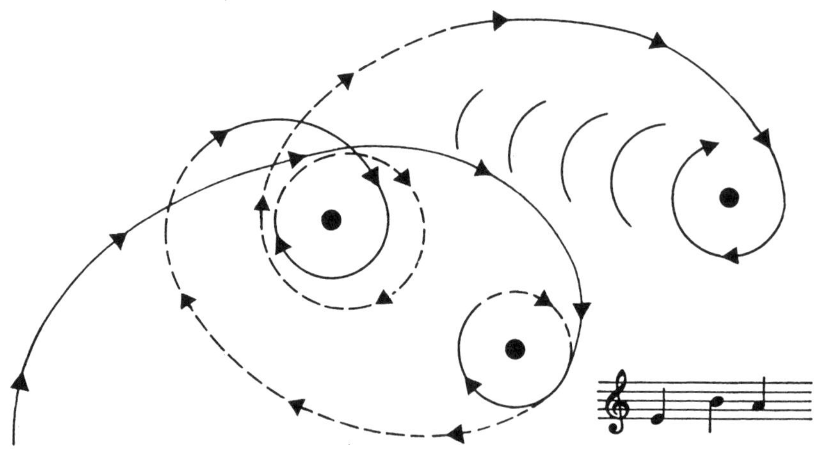

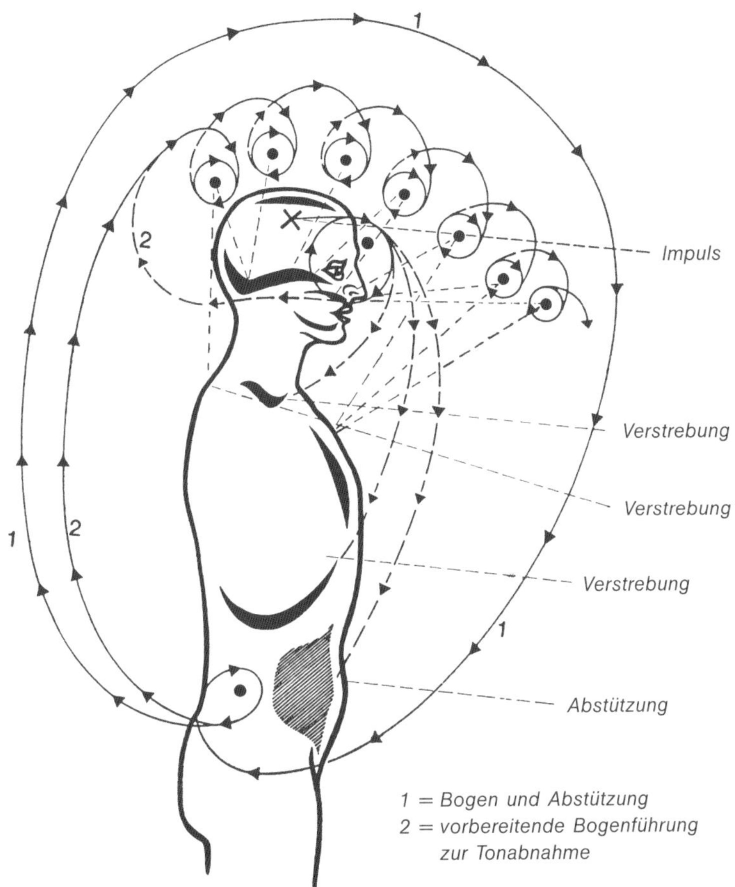

5. Übung

Wir üben dieses übergreifen im Quarten- oder Quintensprung aufwärts und
gehen stufenweise zurück. Den obersten Ton halten wir etwas an, denken
die letzte Drehbewegung um ihn möglichst groß, besonders nach rückwärts
und oben, stützen uns auf den Scheitel und ziehen in der gedachten Bewegung zügig nach vorne zum tieferen Ton, dem wir den Registerboden erneut
bewußt entgegen halten. Besonders aber ist ab –h'– das „Tablett" von außen

her gegen die Backenknochen, unterhalb dessen erst auf Schultern und Brustbein zu verstreben.

5. Übung

Für *Männer* gelten diese Übungen, wie auch die Skala der Tonverstrebungen und die Übergänge jeweils eine Oktave tiefer. Sie sollen aber ganz bewußt beim Weg zur Höhe das Falsett einschalten und nicht die Fistel, die keinen Bezug zum Resonanzboden hat. Die Fistelstimme führt zum männlichen Kopfton. Er kann mit der Zeit immer besser verstärkt und auf den Registerboden verstrebt und abgestützt werden und erhält dadurch metallischen Klang und große Strahlkraft.

Melodieführung

Hat man durch diese Übungen genügend Mut gefunden, die Töne mit dem Gedanken auf dem Energiefaden über der Luft zu tragen, versuche man, den letzten Ton jeweils länger auszuhalten. Er soll nun Stabilität und Intensität gewinnen. Dabei darf man nie die Drehbewegung vergessen, denn sie vermittelt die nötige Energie. Auch halte man die rückwärtige Ausspannung durch. Der Atemverschluß korrespondiert mit der Bauchmuskulatur. Ist man darin sicher und ruhig geworden, nimmt man die Übungen in immer langsameren Tempo und versucht, mit einem Atemzug möglichst lange auszukommen. Das ist die Voraussetzung für das *Legatosingen*.
Die Schönheit des Legatogesanges besteht in der Kunst, die einzelnen Töne so vollkommen wie möglich miteinander zu verbinden. Der einzelne Ton kann noch so schön sein: wenn die Beziehung zum vorhergehenden und nachfolgenden nicht von der richtigen Spannung getragen und ausgewogen wird, kann von Legato keine Rede sein. Das Führen des Tones in der Spannung wurde durch die Übung mit den Tonstufen nach abwärts schon vorbereitet. Die Verbindung der Töne trug der Energiefaden des Gedankens im Bogen *über* den vorhergehenden Ton. Beim Aufwärtsgehen denken wir uns diesen Faden in der *unteren* Führung weiter nach hinten und bereiten auf diese Weise die Weite für den Ansatz des höheren Tones vor. Dann erst gehen wir mit der Bewegung in den Anschlagsbogen von oben und umgreifen den Punkt des neuen Tones. Die Bindung – das Legato – geht von der Tragekraft des Zwerchfells und der Rückenstütze aus und nicht von Tonkern zu Tonkern. Ja nicht

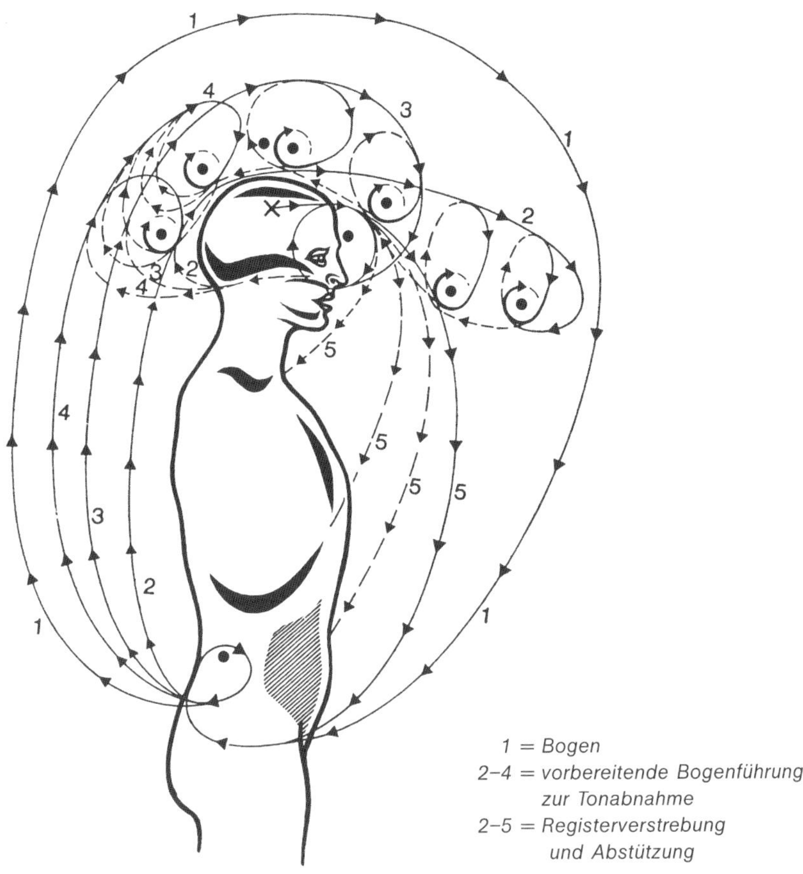

einmal mit der Tonschwingung zur nächsten. Vielmehr trägt der Energiefaden „tonlos" die Tonschwingung bis zum Erklingen des folgenden Tones. Also: Beim Abwärtsgehen *übergreifen* wir den ersten Ton, um zum zweiten zu kommen. Beim Aufwärtsgehen *untergreifen* wir den ersten Ton, um zum zweiten zu kommen. Das Ganze ist ein *Spiel in der Luft*. Man kann es in etwa mit dem Jo-jo-Spiel vergleichen: Die Sicherheit der Hand in der zügigen Führung des Fadens garantiert die Schönheit des Spieles.

Manchen Schülern hilft das Bild einer Girlande über den Pyramidenstufen, die um eine Stange oder um einen Bogen geschlungen wird. Die „Schwere" der Girlande fordert im Wechsel das eine Mal mehr die Kraft der Oberführung, das andere Mal die der Unterführung; das eine Mal mehr die Zentrifugal-, das andere Mal mehr die Zentripetalkraft. Je mehr man sich im elastischen Spiel übt, um so sicherer wechseln die Kräfte und die Freude daran wächst.

Die Ausweitung für den höchsten Ton soll schon vor dem Einsatz der Phrase in den Blick genommen werden. Sonst gelingt es nur schwer, die steigenden Töne zu untergreifen. Die Bahn wird leicht zu eng, und der Ton verklemmt sich. Die Kraft der Vorstellung muß mit der Elastizität der Atemführung Hand in Hand gehen. Ohne Atemdisziplin hält sich der Tonkern nicht in der nötigen Distanz, und wir können den tieferen Ton nicht so leicht „weglegen", wie es notwendig ist, um den Raum für den höheren Ton freizumachen.

Man beginnt mit kleinen Übungen: Langsam im Wechsel zwei Töne auf- und abwärts, dann drei; dann kleine, später größere Intervalle auf- und abwärts. Wichtig ist, daß man die Tonfolge nicht so sehr mit den Ohren, sondern mit den Augen verfolgt! Kontrolliert man nämlich die Töne mit dem Ohr, verläßt meistens der Ton den hohen Sitz. Da wir die eigene Stimme durch die Eustachische Röhre hören, rutscht der Ton mit seinem Kern in den Rachenraum. Darum zunächst einmal: *Weg vom Ohr!* Der Klang vom Rachenraum her trügt! Man arbeitet besser mit der Geometrie der Töne als mit dem Notenbild. Das Spannungsverhältnis zwischen den einzelnen Tönen und ihrer Beziehung zu den einzelnen Registern ist ja nicht so kontinuierlich wie die Notierung der Töne oder die Tastatur eines Klavieres.

Es empfiehlt sich alle Tonstudien sowohl auf Vokalwechsel, wie auf einen Vokal zu üben. Dabei kann sich bei –i– eine Schwierigkeit ergeben: So sehr uns die Konzentration auf den Punkt des –i– in Tonsitz und -führung eine Hilfe ist, so gefährlich ist es, den Resonanzraum des –i– mit dem –i–Körper zu identifizieren. Das –i– regiert wohl in Punkt und Körper die vorderste Resonanz. Im kurz angeschlagenen Sprechton und im Piano findet der Klang auch genügend Raum zur Ausschwingung. Anders ist es aber in der Höhe und beim gehaltenen Mezzoforte und Forte. Dann muß der –i–Körper bewußt in die verschiedenen Resonanzen, insbesondere auf deren Böden ausschwingen. Dabei hilft diese Vorstellung: So wie der Vokalpunkt der anderen Vokale aus ihrem Klangraum in die Führung des Stirnpunktes (in den –i–Punkt) geholt wird, so trennen wir im Gesang den –i–Körper vom –i–Punkt. Wir leeren gewissermaßen den Klangraum vom –i–Körper aus, um den Tonschwingungen freie Bahn zur Resonanzentfaltung zu lassen. Also: Bei allen Vokalen wird der Punkt vom Vokalkörper weggeholt; einzig beim –i– halten wir den Vokalkörper vom Vokalpunkt weg.

XV. Registerbehandlung

Die Regeln für die Registerbehandlung beim Sprechen gelten in verstärktem Maße für den Gesang: In allen Tonlagen geht jeder Tonansatz vom Kopfregister aus. Mittel- und Brustregister sind von Anfang an bereit zu halten. Auch der höchste Ton muß im Kreuzpunkt verankert werden, der tiefste Ton darf seine Führung aus dem Stirnpunkt nicht verlieren. Die Einschaltung der Register geht vom Stirnpunkt aus. Die tiefen Töne werden sofort von außen her auf dem harten Gaumen und ganz leicht auf dem Schwertbein und den Schultern verstrebt. Das heißt, man denkt sich vom Tonkern ausgehend feine Strahlen in die Abstützung auf die angegebenen Knochen. Die mittleren Töne verstrebt man auf dem harten Gaumen, ab –a'– auf den Backenknochen, dem vorderen Schädelboden und auf der Stirn; die hohen Töne auf dem Schädelboden, den Schläfenbögen und der Schädelbasis, mit fortschreitender Höhe auch noch zu den Nackenwirbeln hin. Diese Verstrebungen müssen immer von außen her – vom Tonkern ausgehend – gedacht und gehalten werden.

Zur *Verstärkung des Tones* umspielen wir nun den Tonpunkt mit größerer Energie. Niemals den Ton im Punkt größer machen wollen! Im gleichen Maße wie die Zentrifugalkraft wirkt, muß die Zentripetalkraft die Tonintensität auf den Registerböden verstreben. Wie beim Sprechen geschieht das im Bogenschlag gegen uns selbst. Das Crescendieren beginnt im Kopfregister und pflanzt sich nach unten fort auf Schultern und Brustkorb. Die Führung bleibt im Kopfregister, und die Energie umspielt dauernd den Tonpunkt. Je stärker wir den Ton anschwellen lassen wollen, um so mehr muß er zentripetal verstrebt werden. Dabei wird das Zwerchfell in größere Mitleidenschaft gezogen. Es muß die Tonschwingungen nicht nur ausbalancieren, sondern auch unterstützen. Dabei spannt es sich gegen die Rücken- und Bauchmuskulatur. Die Belastung dieser Muskelpartien greift schließlich auch auf die Oberschenkel über. Beim Decrescendo nimmt man wieder vom Blickpunkt aus die Energiezufuhr zurück und vermindert gleichzeitig die Verstrebung in den Resonanzen von unten nach oben. Gelingt es nicht, im Kopfregister wieder in die kleinste Kurve um den Tonpunkt zu gehen, haben wir entweder den Punkt doch mit in die Tonschwingung genommen, das Kräfteverhältnis vom Rücken her nicht richtig ausgewogen (vergleiche Zeichnung „Gegenströmung"), oder aber der Atem blieb nicht unter Verschluß.

Jeder Ton wird im kleinsten Punkt umgriffen, gleichgültig, ob Piano oder Forte! Beim Forteton wird nach dem ersten Umspielen des Punktes mit der Energie blitzschnell in die größere Resonanzweite ausgeschwungen. Dabei öffnen sich automatisch Mund und Hals. Und h i e r werden „von Natur aus" die größten Fehler gemacht, indem durch das „Aufmachen" der Klang im Mund und Rachenraum verstärkt wird. Wir hören unsere Töne durch die Eustachische Röhre. Ziehen wir dazu auch noch das Gaumensegel steil in die Höhe, kommt der Resonanzklang aus dem Hinterkopf hinzu. Man möchte „natürlicher Weise" den Ton in diesem Klang halten. Damit rutscht er aber sofort aus seinem Sitz in der obersten Resonanz. Wir müssen daher unsere Aufmerksamkeit umorientieren, um trotz der Verstärkung des Tones die Stabilität des obersten Resonanzbodens bewahren zu können:

Beim Aufmachen dreht sich der Unterkiefer im Scharnier nach vorne. Dadurch wird der Knochenwiderstand *vor* den Ohren größer. Das Kinn fällt spitz gegen die Halsgrube, zugleich senkt sich auch die Zungenwurzel in diese Richtung. Hebt man nun das *Gaumensegel breit in die Höhe,* verstärkt sich die Resonanzwirkung *über* und *hinter den Ohren.* Die obere Resonanz wird damit zu einer stabilen Plattform, auf der die Resonanzverstärkung und -verminderung getragen werden kann.

Jede dieser Bewegungen muß solange ohne Ton geübt werden, bis sie durch die Beobachtung im „Blick" darüber gehalten werden kann. Den Kehlkopf halte man dabei weit und in leicht schräger Richtung vom Brustbein zum Nacken hin.

Forteeinsatz und Fortepassagen soll man erst üben, wenn der Ton so sicher sitzt, daß er von selber crescendiert und decreszendiert. Die Gefahr, daß mit falscher Kraft nachgeholfen wird, ist zu groß. Durch das intensivere, kontinuierliche Ausspannen gegen sich selbst, wird zu leicht der Boden der obersten Resonanz verletzt. Gerade das Forte braucht eine sehr elastische Behandlung der Tonführung in einer großen, „umfassenden" Weite, besonders zur Höhe hin. Zu leicht überlädt man in den tieferen Tonstufen den Resonanzraum und verbaut damit den Tönen den Weg in die höheren Lagen. So ist vornehmlich der letzte Ton vor dem höchsten sehr „klein" zu halten und dann blitzschnell, vor dem Ansatz des höchsten Tones, der Unterkiefer im Scharnier so weit wie möglich nach vorne zu legen, als halte man dem kommenden Ton ein Trapez entgegen. Gleichzeitig muß zentripetal das Zwerchfell zwischen den freistehenden Rippen straff gespannt und zur Rückenmuskulatur hin ausbalanciert werden, damit es dem Tonaufprall standhalten kann. Dabei darf das Zwerchfell aber nicht nur nach unten gedrückt werden. Man muß es im Gegenteil von der Bauchmuskulatur her

„untergreifen" und auch von da nach vorne spannen. Es spielt sich also die Ausspannung rundherum ab. Während der ganzen Phrasenführung soll man mehr die Zeichnung des Tonverlaufes sehen, als dem Klang nachhören. Der Klang kommt „dazu" und ist ein Geschenk, das man nicht „machen" darf, sondern nur vorbereiten kann.

Geht eine Phrase von der Höhe zur Tiefe und wieder zur Höhe, verfolgt man die Töne im Blick vom Scheitelpunkt aus „waagerecht" nach vor und zurück. Das heißt, im Abwärtsgehen bleibt der Blick im Scheitelpunkt „stehen", damit die Weite für die hohen Töne am Ende der Phrase unverändert ist. Man

Waagerechte Tonführung

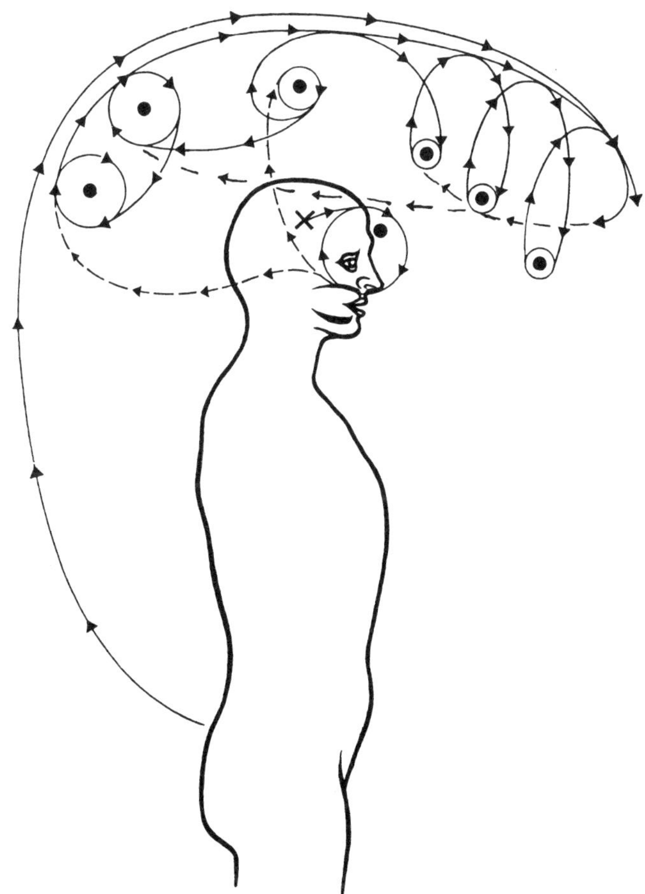

greift die tieferen Töne und ihre Umkehr zur Höhe von „oben" her. Freilich spürt man dabei weniger von ihrer Resonanz, die aber durch die Ausspannung garantiert ist. Dies gilt vor allem auch für die höheren Töne, die dem eigenen Ohr immer mehr entschwinden, je höher man singt.

Ein tragfähiges *Piano* erfordert die größte Intensität. Es muß sehr achtsam im Kern gedacht, auf sparsamster Luft getragen und sehr intensiv auf den Registerböden verstrebt werden. Bauch- und Rückenmuskulatur werden dabei stark angefordert. Um den Ton in möglichst gleichmäßiger Schwebe zu halten, denkt man in der Drehbewegung mehr an die untere Kurve nach hinten und zieht sie ein wenig steiler im Bogen nach oben.

Schwierig ist es, *Skalen zu singen.* Einmal, weil in allen Übergängen der Intervallschritt größer zu nehmen ist als ihn die Notierung zeigt, zum anderen, weil jede Skala in sich ein besonderes Spannungsverhältnis hat. Quarte und Quinte scheinen weit auseinander, Quinte und Sexte sehr nahe beisammen zu sein. Das gleiche trifft auf den Schritt von Sexte zur Septe und dann von der Septe zur Oktave zu. Sexte und Septe scheinen weit auseinander, Septe und Oktave ganz nahe beieinander zu liegen.

6. Übung

Um die *Tonleiter* langsam und sauber auf- und abwärts singen zu können, braucht es einige Jahre Gesangstudium. Zur Vorbereitung übt man die kleine Tonfolge von 5 Tönen auf- und abwärts. Man beginnt auf –i–, zur Quinte wechselt man auf –o– (dadurch wird die Ausspannung größer) und zieht von der Quinte zur Quarte zurück einen möglichst großen Bogen. Auf diesem Bogen laufen dann die weiteren Töne nach abwärts viel leichter und präziser aus der Drehbewegung. Als Variante singt man den Dreiklang aufwärts und geht stufenweise zurück.

7. Übung

Mit der Zeit kann man dann versuchen, die Tonleiter sehr rasch und mit viel Schwung auf die kleine Silbe „wang" aufwärts zu singen.

110

8. Übung

Als nächste Übung ist zu empfehlen, den Dreiklang auf –i–a–i–a– zur Oktave, dann im großen Bogen zur Septe zurück zu greifen und auf –a– abwärts
zu singen. Je weiter man den Bogen von der Oktave zur Septe nach vorne
schwingt, um so leichter fallen die weiteren Töne wieder aus der Drehbewegung. Nach einiger Übung muß man wagen, die –a–Folge durch kleine „hin-
geworfene" –h– zu unterbrechen. Keinesfalls darf dabei die Drehbewegung
unterbrochen werden! Im Gegenteil: Nur aus der Drehbewegung schließen
sich die Töne dann kontinuierlich aneinander. Im Anfang werden diese –h–
unangenehm deutlich zu hören sein, besonders, wenn sie aspiriert, am oberen Gaumen entlang, gesprochen werden. Sie müssen im Gegensatz von
außen her – Richtung Stirnhöhle/Jochbein – „abgeknipst" werden. Mit der
Zeit gelingt es, sie immer leichter gezupft (nicht aspiriert) in Richtung Stirnhöhle – Stirn zu geben, bis sie für den Zuhörer verschwinden. Diese –h–
trennen die Tonschwingungen der einzelnen Töne am besten voneinander.
Man kann mit ihrer Hilfe alle Phrasierungen, vom kurzen Vorschlag bis zu
Mordent, Läufen, Koloraturen und letzlich den Triller erarbeiten. Die besten
Studien dafür bietet: N. Vaccai „Metodo pratico". (Frankfurt, 1942). Auch die
„30 Exercises" von G. Concone sind von großem Wert.

Das *Staccato* ist ein blitzschnelles, kurzes An- und Abfordern eines Tones,
der vom Zwerchfell blitzschnell ausbalanciert werden muß. Dadurch entstand
die Meinung, das Staccato werde vom Zwerchfell her angeschlagen. Tatsache ist, daß der geübte Sänger sein Staccato vom Zwerchfell „abhüpfen"
läßt (man kann es sogar sehen!). Beim Übergang zum Legato wird dann das
Zwerchfell ganz auf „Ruhe" gespannt. Aber das ist kein ursächlicher, sondern ein gekoppelter Vorgang. Es ist die Tonenergie, die auf das Zwerchfell
prallt und vom ihm elastisch weitertransportiert wird, wie der Ball, der auf
das Tamburin fällt und wieder abspringt. Beim Übergang zum Legato schaltet
sich dann die Muskulatur der Weithaltung als tragende Kraft dazu.
Von daher gesehen, können Staccato-Übungen ein gutes Training für präzisen Tonansatz sein. Es ist jedoch dringend anzuraten, nicht zu früh und
nicht ohne Kontrolle damit anzufangen. Zuerst muß man Legato singen und
phrasieren können.

Mit wachsender Sicherheit kann der Sänger dann immer mehr mit den Tönen *auf der Luft* spielen, und von den leichteren Tönen zu den gehaltenen und von diesen in die Phrasierungen „springen", wobei das kleine –h– den präzisen Ansatz garantiert. In Koloraturen hört der Sänger selbst oft nur das –h–; die Luft übernimmt in so großer Schnelligkeit die Tonenergie, daß der Klang das eigene Ohr gar nicht mehr erreicht. Auf diese Weise löst sich mit der Zeit der Tonkern scheinbar völlig vom Körper. Er wird wirklich ein „Ball", der „zufliegt" und auf der Luft, die das Zwerchfell und die Bauchmuskulatur ausbalancieren, jongliert wird.

Intervallsprung nach oben mit Tonfolge abwärts

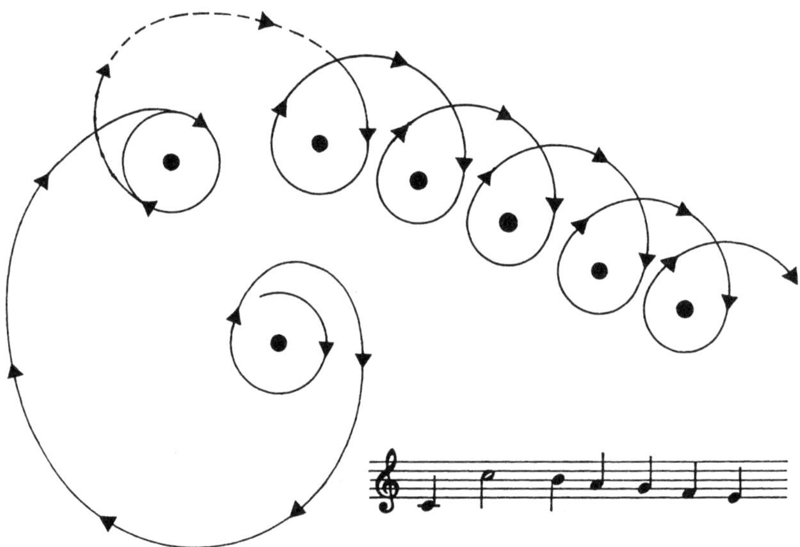

Großer Intervallsprung zur Tiefe

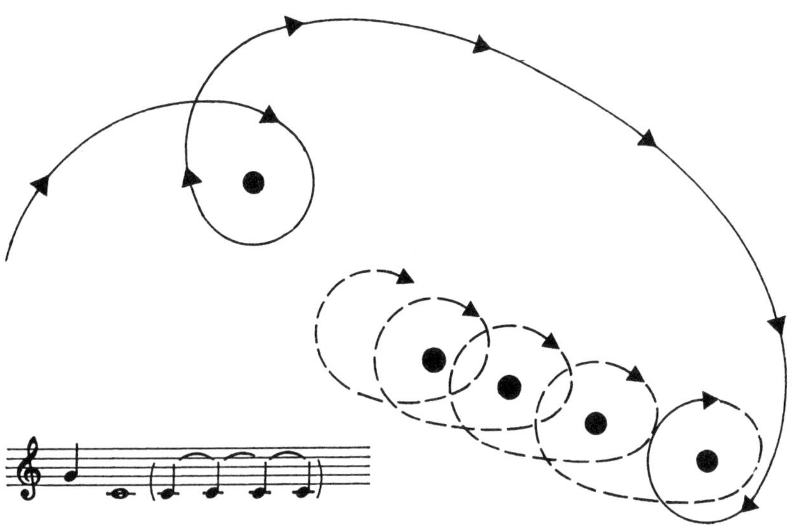

XVI. Text und Melodie

Die größte Schwierigkeit bieten die *Konsonanten*. Sie können nicht in der Höhe des Tonsitzes gebildet werden, dürfen aber keinesfalls die Tonschwingungen irritieren. Deshalb muß man sie vor und zwischen den Tönen sprechen und sie schnell, leicht und exakt mit den Tönen verbinden. Die Sprechwerkzeuge arbeiten in der vordersten Resonanz, unterhalb des Tones. Die Drehbewegung „pflückt" sie von der Oberlippe ab und übergibt sie der Tonenergie. Klinger müssen blitzschnell aus ihrem Resonanzraum in die Tonhöhe geworfen werden, Je „spitzer" gegriffen wird, um so präziser wird die Aussprache, um so freier entfaltet sich der folgende Ton. Die Bildung der Konsonanten braucht im An- und Auslaut eine bestimmte Zeit, die mit dem Taktwert in Einklang zu bringen ist. Je höher die Tonlage ist, um so länger wird der Weg vom Konsonanten am Mundrand bis zum Umgreifen des Tonpunktes. In den höheren Tonlagen gehört darum ein gewisser Mut dazu, zwischen dem Griff zum Konsonanten und dem gedachten Tonpunkt genügend Zeit und Abstand zu lassen. Die Vorstellung der Barriere, die wir bei den Übergängen erarbeiteten, kann uns dabei helfen. Die Konsonanten haben ihren Sitz in Höhe des $-f'-$. Wir greifen also ständig um die Barriere des ersten Überganges zum Ansatz der Töne ab $-a'-$, bis zu den hohen Tönen über dem Scheitel. Man kann sich die Barriere auch als Trapez in Höhe der Augenbrauen denken, um die die Konsonantenenergie eine turnerische „Welle" dreht. Es kann auch das Auf- und Niedergehen der Nadel einer Nähmaschine als Bild dienen. Gerade für $-f-$ und $-s-$ läßt sich dadurch die nötige Muskelintensität erreichen. Oder man denke an eine Häkelnadel, welche die Buchstabenkraft von oben her auf den Energiefaden holt.

Die Konsonantenenergie entwickelt sich vor dem Gesicht, die Tonenergie entfaltet sich anschließend über dem Scheitel. Der führende Gedanke überspringt dabei eine Energieleere, ein „Loch", das man im Anfang gar nicht groß genug empfinden kann. Über dieses „Loch" verbindet sich der Konsonant viel schneller mit der Tonschwingung, als wenn man den Konsonanten „geradewegs", d. h. durch den Rachenraum, dem Ton zuschieben würde. Auf dem scheinbar weiteren Weg von außen her entfaltet der Konsonant besser seine eigene Kapazität, und die Tonschwingung schließt sich ihr reibungslos an. Durch einen falsch behandelten Konsonanten aber – meistens ist es ein Verschlußlaut – kann der Tonsitz über mehrere Takte hinweg oder auch ganz in den Rachenraum verloren gehen, und es dauert oft lange, bis man den oberen Sitz zurückgewonnen hat. (Denn man merkt den Fehler erst einige Töne *nach* dem kritischen Wort!)

Eine große Gefahr bilden in dieser Hinsicht auch die deutschen *Endungen auf –en–*. Beim Sprechen geht man nur klingend von Konsonant zu Konsonant. Im Gesang aber muß auch das Endungs–e– den Sitz und Klang in der vordersten Resonanz bekommen. Das stumpfe Endungs–e– bleibt im Rachenraum. Es nützt dann auch nicht, das nachfolgende –n– in die vorderste Resonanz zu führen. Darum ist es unumgänglich notwendig, sich einen ganz penetranten –e–Klang zu erarbeiten, wie er in der dafür angegebenen Sprechübung „Schneebedeckte, feste Erde . . ." (S. 68) vorbereitet wurde. Es ist unerläßlich dabei, *alle* –e– zuerst in der gleichen Stärke und Helligkeit zu sprechen und dann auf einem Ton zu singen. Auch die Vor- und Zwischensilben mit –e– sind so zu üben. Das ist im Anfang mühsam und hört sich nicht gut an. Sitzen die –e– aber erst einmal im gleichen Klang, gewinnt man von ihnen her die Sicherheit zu variieren und findet auch für die anderen Vokale viel leichter den absoluten Sitz in der Melodieführung. Sehr bald erkennt man, daß man grundsätzlich alle –e– heller nehmen muß, als man es vom eigenen Ohr her tun möchte.

Bei *Diphtongen* halten wir den Ton oder die Töne auf dem ersten Vokal. Der zweite Vokal wird auch beim Singen nicht gelautet. Er läuft nach dem Ende des Tones oder Taktwertes von selbst in die letzten Tonschwingungen hinein, ganz gleich, ob das Wort mit Diphtong endet oder ein anderer Vokal, bzw. ein Konsonant folgt.

Texte studiert man zunächst auf einem Ton bis die Konsonanten leicht und deutlich laufen und die Vokale nicht mehr gepreßt werden. Man beginnt in der mittleren Sprechtonhöhe und geht dann mit der Textzeile jeweils einen Halbton aufwärts, ungefähr eine Quinte hoch. Dann geht man wieder zurück, wobei auch hier die Passage nach dem höchsten Ton besonders hoch gehalten werden muß, gemäß dem Grundsatz: „Der höchste Ton ist der Ton *nach* der Höhe".

Die *Melodie* übt man zuerst auf –do–la–do–la–do–; schwierige Stellen auf –i–a–i–a–i–a–, oder auch nur auf –i– und in ganz gleicher Tonstärke. Sitzen Text und Melodie, legt man beides zusammen. Dabei darf nicht vergessen werden, daß in der Höhe anders gesprochen werden muß als in der Mittellage und Tiefe. Die hohe Kopfresonanz verlangt eine scharfe Trennung der Lippen- und Zungentätigkeit vom Ton. Die Konsonanten werden dann nur noch ganz spitz hingeworfen und die Vokale wirklich nur noch gedacht.

Schwierige Passagen übt man in einer etwas tieferen Lage, geht dann langsam höher – ungefähr ½ bis 1½ Stufen über die Notierung hinaus – und dann wieder zur Notierung zurück.

Wie man beim Sprechen gleich auf die 3. Silbe zielt, so beim Singen auf den dritten oder vierten Ton oder auf das nächste größere Intervall, damit sich die Energie nicht staut. Trotzdem ist es natürlich wichtig, daß man den Einsatzton in der Vorstellung genau in Sitz und Führung „weiß". Von den Meistern kann man immer wieder hören, daß der wichtigste Ton der *Ton vor dem Ton ist!"* Man muß ihn „wissend sehen" und über ihn hinaus auf das Ende zielen.

Je sicherer man in diesem Spiel zwischen Luft, Muskel und Gedanke wird, um so besser erkennt man, daß wir nicht mit der Luft im ausströmenden Atem sprechen und singen, sondern daß der *Tonstrom* etwas anderes ist als der *Atemstrom*. Der Atemstrom fließt auf dem Luftwege *horizontal* durch Mund und Nase. Der Tonstrom wird als Energie in Wort und Klang durch den Denkprozeß *vertikal* in, auf oder auch über den Luftstrom gelegt. Der Tonstrom fließt also *neben* dem Luftstrom. Das erklärt, warum zur Tonerzeugung ein Minimum an Atemluft genügt, andererseits bei heftigstem Ausatmen ein sauberer, klarer Ton erklingen kann.

Für die *Tonphrase* und die Gestaltung eines Gesangstückes gilt, was über die seelische Einstellung zur Interpretation gesagt wurde (S. 78 ff). Dabei ist die Vorausberechnung der dynamischen Spannungen noch auf den Tonumfang und die Intervallsprünge auszudehnen. Stets soll der Anfangston aus der Ausweitung des höchsten Tones angesetzt werden. Ebenso ist das Ende der Phrase in der Spannung hochzuhalten. (Beginne mit dem Ende!) Ehe man mit dem Ton einsetzt, muß der Atem zur Ruhe kommen. Man darf ihn keinesfalls stauen oder pressen. Nachdem man ihn unter Atemverschluß hat, soll man sich wohlfühlen. So kann der Atem leicht abströmen, um tragende Luft und Energie zu werden. Die „Zeitfolge" lautet:

> Spannung – Strom – Ton.

Am Ende einer Phrase nimmt man zuerst den Ton weg, dann den Strom – die Spannung aber bleibt. Sie wechselt nur im Tonus des Körpers über zum nächsten Impuls. Würden wir uns aus dem Tonus absacken lassen, müßten wir die Grundhaltung erst wieder neu aufbauen, und das würde neben dem Zeitverbrauch viel zu viel Kraft kosten.

Je nüchterner wir unseren Körper als Instrument behandeln lernen, desto besser können wir die Dynamik bemessen, die für die Gestaltung eines Gesangstückes notwendig ist. Um so schneller und leichter reagiert auch das Zwerchfell auf die Gemütsbewegung, welche die Komposition weckt, nimmt sie auf und überträgt sie in die Interpretation. Doch darf dies nicht die Sicherheit (Nüchternheit) der Tonführung gefährden. Denn es ändert sich dann sofort die Spannung und die Qualität der Darbietung könnte Schaden leiden. Wie die Sprache bringt auch die Melodie ihre Aussage in sich selbst mit. Sind Text und Melodie in Übereinstimmung, bedürfte es also keiner Vortragszeichen. Doch gibt es Fälle, in denen die Melodie, andere, in denen das Wort vorherrschen muß. Von Natur aus crescendiert die Stimme zur Höhe hin. Ein Piano ist darum sorgfältiger zu führen. Zur Tiefe hin, nimmt die Stimme ab. Mezzoforte und Forte sind daher noch weiter nach vorne auszuspannen und „gewichtiger" abzustützen. Immer aber bleibt in der Wortfolge der Konsonant das wichtigste Aussageelement. Er ist *vor* dem Tonansatz von vorne her mit dem Energiefaden zu fassen.

Damit man im Ausdruck das richtige Maß findet, braucht man über längere Zeit das kritische Ohr des Lehrers und später das eines guten Begleiters oder Dirigenten.

Immer wieder muß man darauf hinweisen, daß der Klang im eigenen Ohr trügt. Je penetranter man den Vokal in seinem Punkt wagt, um so sicherer findet der Ton seinen Sitz. Man darf ruhig erschrecken, wie häßlich es klingen kann. Man muß diesen Mut zum Häßlichen haben und vertraue dabei der Kontrolle durch den Lehrer. Eventuell nimmt man ein Tonband zur Hilfe. Man wird mit Erstaunen feststellen können, daß gerade jene Töne, die wie gesprungenes Glas anmuten, die freiesten sind. Trotzdem ist bei der Arbeit mit dem Tonband Vorsicht geboten. Das ungeschulte oder noch nicht genügend geschulte Ohr vermag vom Tonband her nicht zu erkennen ob Sitz und Führung richtig sind, ob ein Vokal um den Punkt oder mit dem ganzen Körper gegriffen ist, ob „massiv gesungen" oder „gesehen" wird. Gelingt es, sich so vom eigenen Ohr zu „befreien", wird dieses um so eher für den Klang der eigenen Stimme „von außen her" empfänglich sein. Also mehr auf die „Zeichnung" der Tonführung achten, als auf den Ton hören! In dieser Vorstellung gewinnt der Ton erstaunliche Leichtigkeit und Fülle. Ein stundenlanges Anfordern der Stimme wird zur Selbstverständlichkeit und Freude. Der Klang wird voller, runder und strahlender, besonders in der Höhe und im Forte. Die Grundregel für die Tongestaltung stützt sich auf diese Freiheit und lautet geradezu paradox:

> Je kleiner der Punkt, um so größer der Ton.
> Je härter der Kern, um so weicher der Ton.
> Je kälter geführt, um so wärmer der Ton.

Bei der nötigen Begabung und bei großem Fleiß stellt sich nach und nach noch etwas ein: zwischen den freistehenden Rippen bildet sich das Zwerchfell zu einer elastischen Energiefläche, die wie ein Tamburin gehandhabt werden kann. Auf dieser Fläche vermag die Tonenergie zu „tanzen". Die Gesangsmeister sprechen dann von der *Zwerchfellstütze*, auf der der Energiefaden des Atems steht. Doch diese Zwerchfellstütze darf unter keinen Umständen „gemacht" oder forciert werden! Zu groß ist die Gefahr eines Zwischenrippenmuskel- oder gar Zwerchfellkrampfes. Solange sich die Zwerchfellstütze nicht von selbst eingestellt, sollte man nur in der bisher geübten Weise stützen, verstreben und ausbalancieren.

Ausbalancierung und Verstrebung

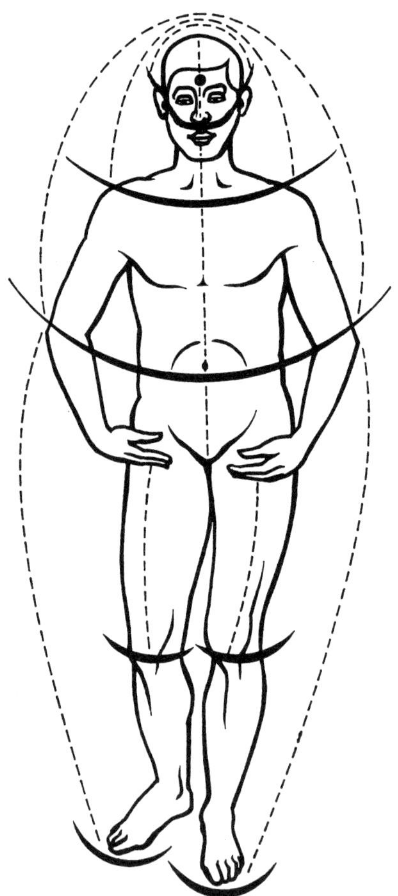

Raumerlebnis

Wie der Sprecher, so erlebt auch der Sänger mit der Zeit das Echo seiner Stimme aus der Korrespondenz mit dem Raum und mit seinen Zuhörern. Das kann so überwältigend sein, daß schon allein dieses Erlebnis Lohn genug für alle Mühe des Lernens und Arbeitens ist. Wir können es nicht zwingen und nicht „machen". Wir können es nur ermöglichen helfen. Es ist, als klinge die eigene Stimme von der Decke, aus der Mitte des Raumes herab, ja, als „leuchte" sie von dort her.

Auch der Zuhörer kann es in dieser Weise empfinden. Um aber dahin zu kommen, müssen wir zuerst einen recht schmerzlichen Abstand zu unserem eigenen Gefühlsleben gewinnen. Nicht, daß wir das Gefühl ausschließen sollten. Es muß *da* sein und muß sogar sehr stark sein, so stark, daß es als „Bild" den Kreuzpunkt so füllt, daß die Kraft von ihm zum Stirnpunkt einen mächtigen Gestaltungsbogen spannen kann und die Distanz doch so gewahrt bleibt, daß in diesem Spannungsfeld das Kunstwerk sich selbst gestaltet.

Es ist wohl kaum anzunehmen, daß sehr viele Sprecher oder Sänger diese Meisterschaft erstreben. Aber ich halte es für wichtig zu wissen, daß sie möglich ist, und welcher Weg dahin führt. Natürlich gehört zur vollen Beherrschung der Technik jahrelange Übung und ständige Kontrolle durch gewissenhafte Lehrer. Aber die Grundbegriffe sind schon dem Kinde zugänglich. Ja, es ist immer wieder erstaunlich, wie schnell gerade Kinder darauf reagieren, wenn man ihnen sagt, sie sollen den Rücken breit und die Schultern locker halten, den Mund von der Schläfe aus aufmachen, die Augen offen halten und die Töne mit einer Häkelbewegung nach hinten durch den Kopf laufen lassen. Sie machen es!

Für *Chor- und Ensemblesingen* können alle Übungen und Anregungen übernommen werden. Insbesondere halte man sich an das, was über die Einstudierung von Text und Melodie gesagt wird. Beim Blattsingen empfehle ich, daß man mit den Gedanken *nicht* auf das Notenblatt hinuntergeht, sondern Noten und Text mit den Augen zum Stirnpunkt heraufholt. 1. lernt man auf diese Weise schneller und 2. ist man zugleich besser im vordersten Sitz. Man singe nicht zu laut. Jeder Sänger soll den Nebenmann noch hören, gewissermaßen mit dessen Stimme singen, sie in der eigenen Stimme mitführen. Selbst wenn der Nebenmann unmusikalisch ist, detoniert oder überzieht! Der gute Sänger bleibt selbst dann leicht und gelassen in seiner eigenen Tonführung, obwohl er mit seinem Bogen den Nebenmann mitführt. Nur wenn es gar nicht anders geht, nimmt er seinen Bogen kürzer und isoliert sich vom anderen. Auf keinen Fall darf man durch lauteres Singen helfen wollen!

Das hat keinen Zweck. Bei solcher Arbeit mit mehreren Stimmen waren oft schon innerhalb einer Viertelstunde überraschende Erfolge zu verzeichnen, und nach wenigen Lektionen klang der Chor „ganz anders“. Die Technik entspricht den Naturgesetzen und wird vom Organismus gern akzeptiert, wenn der Weg für die gedankliche Vorstellung frei ist und keine falsche Stimmbehandlung ihn verbaute.

XVII. Zusammenfassung

1. Das menschliche Sein lebt aus dem Zusammenwirken von Geist und Stoff. Der Stoff braucht die Direktion des Geistes, um sich auszuprägen; der Geist braucht die Kraft des Stoffes, um zu gestalten. Der Pol des Stoffes liegt im Kreuzpunkt, der Pol des Geistes liegt im Stirnpunkt.

2. Aus dieser Polarität ergibt sich das bewußte Spiel der Bildekräfte in Zentrifugal- und Zentripetalkraft durch den Atem. Ihr Zusammenwirken schafft das Energiefeld der Aura. Innerhalb dieser vollzieht sich das elastische Spiel zwischen Geistes- und Körperkraft.

3. Bei ruhigem, festem, aber elastischem Stand zuerst den Bodenkontakt gewinnen. Dann ist zum bewußten Gestalten der Bogen aufzustellen. Der Bogen ruht auf dem Kreuzpunkt und wird von dort – am Rande der Aura – über den Rücken und den Kopf zum Stirnpunkt hin gespannt. Die Elastizität des Bogens wird durch seine Weiterführung über Brust und Bauchdecke zum Kreuzpunkt hin zurückgestützt. (Leisten – Beckenbodenmuskel – Lende).

4. Sprache und Gesang sind ein schöpferischer Prozeß zwischen Geist und Körper mit Hilfe des Atems. Er übernimmt die Vibration der Stimmbän - der; durch den Widerstand von Schädel- und Thoraxknochen wird diese Vibration zu Klang.

5. Den Atem läßt man bei weitgehaltener Nase, leicht geöffnetem Mund, wie über Scheitel und Schläfen einfallen. Er stützt sich mit der „breiten Brust" auf das Zwerchfell, dieses wiederum auf den Kreuzpunkt und auf die Bauch- und Rückenmuskulatur. Die Bauchdecke dosiert den Atemstrom. Das Zwerchfell gibt im Maße der Luftabgabe nach. Der Körper wird nach rückwärts in der Ausweitung gehalten.

6. Zur Stimmgebung wird der Mund an der Schläfe geöffnet. Dadurch wird der Raum um den Stirnpunkt, die „Maske", frei. Der Kreuzpunkt ist als Stützpunkt in Ruhe zu halten. Der Gedanke hat wach und beweglich die Gestaltung zu dirigieren. Kehlkopf und Sprechwerkzeuge müssen leicht und präzise arbeiten können. Der Unterkiefer bleibt locker im Scharnier.

7. Tonsitz und Tonführung gehen vom Stirnpunkt aus. Sie werden von der Vorstellungskraft „vorgezeichnet". Der Tonkern ist ein gedachter Punkt. Die Tonführung ist ein gedachter, dünner Energiefaden, der in einer Drehbewegung den Punkt umspielt. Tonsitz und Tonführung geschehen im oberen Raum der Aura. Der Energiefaden hat sein „Greifgelenk" auf der großen Fontanelle. Von hier aus geht der Griff über den Scheitel in die Drehbewegung zur Lautgebung. Die Mittellage liegt zwischen Oberlippe und Stirn. Die Höhe wird nach hinten über den Kopf hinweg geführt. Die Tiefe liegt vorne vor dem Gesicht auf der verlängert gedachten Oberlippe. Der Sprung über die Barrieren ist ganz bewußt vorzunehmen. Große Bogenzeichnung! Zur Höhe steiler Einfall: 1. Harter Gaumen – Haaransatz, 2. Über die große Fontanelle zum Hinterkopf. Zur Tiefe große weite Sprünge nach vorn. Über den Scheitel auf das von der Backenmuskulatur gehaltene, an den Schläfenbögen „eingehakte" Tablett über der verlängert gedachten Oberlippe. Zur Wahrung der notwendigen Distanz der Töne zu den Resonanzräumen muß die Stützmuskulatur konstant gehalten bleiben. Die Mittellage liegt zwischen Oberlippe und Stirn, die Höhe wird nach hinten, über den Kopf hinweg gedacht, die Tiefe liegt vorne vor dem Gesicht, auf der verlängert gedachten Oberlippe. Der Sprung über die „Barrieren" in den Übergangslagen (1. harter Gaumen – Boden der Hirnschale, 2. Bodenwulst zwischen vorderer und hinterer Wölbung) ist ganz bewußt vorzunehmen.

8. Vokale werden in ihrem kleinsten Punkt gedacht. Für alle Vokale ist der I-Punkt der Zentralpunkt. Vokalpunkt und Tonpunkt fallen zusammen. Die Vokalfarbe ergibt sich aus der Resonanzhaltung.

9. Konsonanten werden von den Sprechwerkzeugen unterhalb des Tonsitzes, in der vordersten Resonanz „gearbeitet". Der Gedanke pflückt die Konsonanten vom Stirnpunkt aus, im kleinsten Punkt von den Sprechwerkzeugen ab und nimmt sie mit in die Drehbewegung der Tonführung.

10. Die Stimme wird von außen her vertikal auf den horizontal fließenden Atemstrom gesetzt. Der Tonstrom wird mit dem Atemstrom freigegeben.

11. Die drei Register: Kopf, Schulter, Brust werden durch den Gedanken von vorne her eingeschaltet und auch von vorne her wieder weggenommen. Die Reihenfolge geht beim Crescendieren von oben nach unten, beim

Decrescendieren von unten nach oben. Der Tonkern muß klein und im Punkt gedacht bleiben. Die Kopfresonanz bleibt konstant eingeschaltet und vorherrschend.

12. Der Raum wird durch den Blick in den Gestaltungsprozeß mit einbezogen. Die Stimme entfaltet sich im Maße der Resonanzweithaltung nach rückwärts und im Gleichgewicht zwischen Zentrifugal- und Zentripetalkraft. Das Kunstwerk gestaltet sich aus den Kräften des Interpreten und seiner Zuhörer. Aus dem Schenkenden wird der Beschenkte.

Literaturhinweise

Agricola, Johann Friedrich „Anleitung zur Singekunst", Berlin 1757

Aurobindo, Sri „Der integrale Yoga", Hamburg 1957

Caccini, Giulio Vorrede zu „Le nuove musiche", Florenz 1601

Concone, Giuseppe „30 Exercices" Opus 11, Leipzig

Dürckheim, Wilfried Graf „Hara", München-Planegg, 1956

Ebner, Ferdinand „Das Wort und die geistigen Realitäten", Wien 1952

Eckermann „Gespräche mit Goethe", Berlin 1963

Fernau-Horn, Helene „Die Sprechneurosen", Stuttgart 1969

Fuchs, Viktor „Die Kunst des Singens", Kassel 1967

Garcia, Manuel „Mémoire sur la voix humaine", Paris 1840

Garcia, Manuel „Traité complet du chant", Paris 1840–47

Gebser, Jean „Ursprung und Gegenwart", Stuttgart 1963

Greiner, Albert „Stimmbildung", Mainz 1939

Grümmer, Paul „Erziehung der menschlichen Stimme", Kassel 1947

Helmholtz, Hermann von „Die Lehre von den Tonempfindungen als physiologische Grundlage", Berlin 1863

Hermann, Karl „Die Technik des Sprechens", Leipzig 1930

Herrigel, Eugen „Zen in der Kunst des Bogenschießens", München 1951

Hey, Julius „Der große Hey" (Deutscher Gesangunterricht), Mainz

Hey, Julius „Der kleine Hey", Mainz

Husler/Rodd-Marling „Singen", Mainz 1965

Lafit, Gaston „Macht über alle Menschen durch Atemtraining", Büdingen 1957

Leadbater, C. W. „Der sichtbare und der unsichtbare Mensch", Freiburg 1964

Lessing, Gotthold Ephraim „Hamburgische Dramaturgie", Berlin 1963

Lehmann, Lilli „Meine Gesangskunst", Berlin 1902

Lohmann, Paul „Stimmfehler und Stimmberatung", Mainz 1938

Mancini, Giambattista „Pensieri, e Riflessioni pratiche sopra il Canto Figurato", Wien 1774

Martienssen, Franziska „Der wissende Sänger", Leipzig 1923

Nitsche, Paul „Die Pflege der Kinder- und Jugendstimme", Mainz 1969

Picard, Max „Wort und Wortgeräusch", Hamburg 1953

Reiners, Ludwig „Der ewige Brunnen", München 1955

Reusch, Fritz „Neubearbeitung des Kleinen Hey", Mainz 1956

Reusch, Fritz „Sprechfibel", Mainz 1963

Riemkasten, Felix „Yoga für Sie", Gelnhausen 1966

Shakespeare, William „Gesammelte Werke", Berlin

Schleich, C. L. „Essays" (3 Bände), Berlin 1926

Schultz, I. H. „Das autogene Training", Stuttgart 1950

Siebs, Theodor „Deutsche Bühnensprache", Köln 1930

Steiner, Rudolf „Methodik und Wesen der Sprachgestaltung", Dornach 1955

Stockhausen, Julius „Gesangsmethode", Leipzig 1886–87

Tosi, Pier Francesco „Opinioni de' cantori antichi e moderni", Bologna 1723

Vaccai „Metodo pratico", Frankfurt 1942

Wagner, Richard „Mein Leben", München 1914

Wagner, Richard „Gesammelte Schriften und Dichtungen", Leipzig 1897

Wichmann, Kurt „Der Ziergesang und die Ausführung der Appoggiatura", Leipzig 1966

Winckel, Fritz „Phänomene des musikalischen Hörens", Berlin 1960